PAPÁ, AMAR Y CREAR

La vida espiritual a través de la paternidad

Joseph Yeladim

PAPÁ, AMAR Y CREAR

La vida espiritual a través de la paternidad

Joseph Yeladim

bubok EDITORIAL

© Joseph Yeladim
© Papá, amar y crear. La vida espiritual a través de la paternidad

Julio 2024

ISBN papel: 978-84-685-8230-6
ISBN ePub: 978-84-685-8237-5

Depósito legal: M-16919-2024
SafeCreative: 2407058496829

Editado por Bubok Publishing S.L.
equipo@bubok.com
Tel: 912904490
Paseo de las Delicias, 23
28045 Madrid

*Todo arte auténtico
es revelación, y toda
creación artística
un servicio santo.*

Edith Stein,
Ciencia de la Cruz

Índice

Agradecimientos 13

Prólogo 15

Palabras presidenciales sobre la obra...17

Preludio 21

Primera parte. Gestación 31

I. Solo quien se descose conoce los hilos de su existencia............................ 31

II. El primer muñeco que buscan los padres para el bebé es fundamental
para su vida interior.. 33

III. Hay un mundo interior acá adentro 35

IV. La oración es una maestra que obra en tiempos de «presas» mentales 36

V. La oración de agradecimiento familiar concede el poder de profetizar 38

VI. Teresa de Ávila enseña a andar en verdad, al igual que la ciencia
de Carl Sagan (*Pale Blue Dot*) 40

VII. Los juguetes crecen y se olvidan de los niños.. 43

VIII. La lectura es un alimento para la contemplación 45

Segunda parte. Parto y primeros meses 49

IX. El nacimiento del hombre nuevo promueve una renovada
y consagrada humanidad 49

X. El calostro, un gozo del cielo en la tierra... 51

XI. El alimento materno inspira conciertos sublimes en el interior 53

XII. El silencio del bebé.. 55

XIII. Susurrar oraciones de santos a los niños abre las ventanas a la belleza 56

XIV. Orar con un bebé de brazos es como arrullar al niño Dios 57

XV. «El alma que anda en amor ni cansa ni se cansa» 59

XVI. Libertad es saberse amado por la familia... 61

XVII. La oración es directamente proporcional 63

XVIII. Contemplar las bodas de Caná es la tarjeta de invitación
al matrimonio espiritual 64

XIX. Contemplar la mirada de un hijo descubre la intimidad de los padres 66

XX. El alma madura bajo el crisol de las pruebas interiores y exteriores 67

XXI. Acogidos por lo eterno, contemplativos del mundo 69

XXII. Quien busca la verdad, aunque no lo sepa, busca a Dios 70

XXIII. Comprender la maravilla del dolor convierte al bebé en valiente 71

XXXIV. El vaciamiento interior es el camino que lleva al matrimonio espiritual 73

XXV. La música es lo que nos hace sentir al escucharla,
como el llanto o la sonrisa de un bebé 75

XXVI. Las olimpiadas empiezan en el suelo y terminan en el cielo 76

XXVII. La paternidad es un regalo con muchos secretos por descubrir 78

XXVIII. El libro es un cómplice silencioso entre el amor de papá e hijo 80

XXIX. Para este fin de amor fuimos creados 82

XXX. «Dios no habla con nosotros acerca de la religión a la que pertenecemos,
sino de la calidad de amor que profesamos cada día a nuestros prójimos» 83

Tercera parte. Que llueva, que llueva! Los pajaritos cantan.
La Luna se levanta 85

XXXI. *Pajarita de papel* y la nana africana *Nkwihoreze* 85

XXXII. Sangre del dedo meñique 89

XXXIII. Conocer las tradiciones de otras culturas alimenta el alma de los bebés 92

XXXIV. La poesía no es de quien la escribe, sino de quien la necesita..................... 96

XXV. «El color es un medio para ejercer influencia directa sobre el alma:
el color es la tela, el ojo el macillo, y el alma es el piano con sus cuerdas»............. 98

XXXVI. La contemplación pura consiste en recibir 100

XXXVII. Que tu alimento sea tu medicina 102

XXXVIII. Todo lo que decimos frente a un niño se convierte en una semilla
que algún día fructificará 104

XXXIX. Una aventura sobre ruedas 106

Cuarta parte. Arte, mística y educación 109

XL. El *Manuscrito C* de Santa Teresita del Niño Jesús 109

XLI. La música es la clave para comprender las sinfonías
que a diario acaecen en el alma de los niños 112

XLII. Extraña infancia... 115

XLIII. El país donde vivimos es un regalo para el alma de los niños..................... 116

XLIV. Títeres para bebés 118

Quinta parte. ¡Pasión, muerte, resurrección y libertad!...................119

XLV. *Carta al viento*, de Cantoalegre.................................. 119

XLVI. Escalando por el altar….. 120

XLVII. Jueves Santo.. 122

XLVIII. Viernes Santo.. 124

XLIX. La resurrección. 127

Final..129

L. Papá abraza la libertad con su hermano Seif Din….................. 129

Epílogo 133

Agradecimientos

En primer lugar, quiero agradecer al Dios de Jesús de Nazaret, a mi esposa Elisa y a mis hijos, los protagonistas de la trilogía que empieza con este libro: Simón del Karmel, Alma del Karmel y María del Karmel.

Seguidamente, a todos los santos del Carmelo, las místicas medievales, Bahá'u'lláh y Jon Fosse, místico contemporáneo, por su inspiración y compañía.

A mis amados padres, Guillermo de Jesús Ballesteros Monsalve y Luz Nelly Uribe Arredondo, así como a mi amado hermano Andrés, quien es uno de los protagonistas de mi primera novela, que llegará después de la trilogía; y a toda mi familia: Patricia, Francia, Mariela, Andrés, Valentina, Nikolay, Jennifer, Steven; y mis ahijados Stephanie y Salomón.

A la familia Marín Mejía, que ha estado presente durante los años en los que ha sido escrito este primer libro.

Por último, quiero nombrar una lista de personas amigas y conocidas que, de alguna manera, han tenido que ver con la escritura de *Papá, amar y crear: una experiencia de libertad*:

Andrés Giraldo, Danilo Albán, Zaira Fernández, Eduardo Botero, Michel Sauval, Ana María Díaz, David Vásquez, Juan Penagos, Carmelita Misionera Nelly Rodríguez, Fray Liomer, Fray José Arcesio, Carmelita Descalza Blanca, Carmelita Descalza Patricia, Carmelitas Descalzas Costa Rica, Fray Jarek, María Ángeles Álvarez, Miguel Ángel Rodríguez, Lorena Claire, Eduardo Jaramillo y familia, Comunidad Interior, Sábados literarios, Fray Emmanuel, Michael de Indonesia, Diego Marín, Rocío Manzano, Viky Levinson, Amanda Olofsson, Vladimir Fernández, Jenny Jurado, Edna Moreno, Andrés Gil, Luis Henao, Francisco García, Julián Higuera, Vincent Van Gogh, Neyla Susana, papa Francisco, Jaime Blandón, Claudia Guzmán, Ligia Monsalve, Edilma Arredondo, Hugo Uribe, Fray Miguel Márquez, Fray Maximiliano Herráiz, Fray Javier Sancho, Liliana

Betancourth, Mauricio Tenjo, Johana Maya, Aida Zafra, James Mosquera, Cecilia y Rogelio, Carlos González, Miguel Saldarriaga, Javier Álvarez, Orleifer, Hosanna Pérez, Julio Ossa, Didier Álvarez, Luis Bernardo Yepes, Elizabeth Rúales, Annika Sontag, Sor Ana Sarabia, Hermana Gladys de Chile, Rosa Buriticá, Silvia Valencia, Elizabeth Perez, Valentina Moore, Diego Mercado, Jorge Carvajal, Fanny, Jenny, Oscar, Martha, Harold, Angélica, Angela Moreno, Maria Elena, Flor, Dayanna, Mauricio Silva, Silvia Millán, Andrea Bernal, Wiley Rinaldi, Saham Behizad & Effat, Karina Gomez, Julián Arteaga, Familia Cruz, Carmelitas Descalzas Medellín, Carmelitas Descalzas Medina del Campo, Carmelitas Descalzas Granada, Carmelitas Descalzas San Lucar, Carmelitas Descalzas Hondarribia, Centro Educativo El Carmelo, y cada uno de los pacientes, analizantes y alumnos que he tenido.

Especialmente a los papás del mundo, en sus paternidades sufridas y vividas con entrega amorosa.

Prólogo

Este libro que tienes en tus manos está lleno de oración, amor y vida en familia. Joseph nos transmite toda la emoción que siente al ser habitante de este planeta repleto del amor de un dios que es ternura.

Son las palabras de un padre de familia enamorado de la vida que se le regala a cada paso en el camino de la fe. Unas palabras llenas de energía espiritual y de generosidad al hacernos partícipes de lo que acontece dentro de su alma, de su familia, en lo más hondo de su corazón.

Es un texto —salpicado de ilustraciones que salen también de sus manos— que nos moja al ir degustando lo que nos dice, porque es como una fuente de agua que sentimos que Joseph nos lanza, llena de verdad, valentía y generosidad al abrirnos a ese mundo tan especial que se encuentra en lo hondo y bello de cada alma.

Es una oración bella y sencilla de un alma carmelitana que es consciente de que su espiritualidad es uno de los regalos del Señor, siguiendo a los santos: Teresa, Juan, Teresita, y Edith. Una oración que podemos hacerla nuestra con la lectura, al entrar en la vida profunda de un matrimonio y de una familia cristiana. Un bello testimonio que nos permite entrar con ellos en su casa y que, con este libro, se abre a todos los lectores.

Es un texto lleno de lirismo, poesía, experiencia y vida, contado al modo de Teresa de Jesús, como un canto de acción de gracias a Dios, que tanto nos ama en cada momento de la vida. Un testimonio bello y lleno de verdad, con una escritura automática, rica y generosa con el que vamos buceando en sus palabras, imágenes y conceptos.

Con este libro, Joseph nos entrega un trozo de su vida para que podamos entrar también con él a dar gracias por la familia y el amor conyugal. Da un bello testimonio de cómo vivir el amor que nos envuelve y de cómo dar vida a un pequeño átomo, a una familia, como parte de la Iglesia, en un mundo muy necesitado de oír estos testimonios nacidos de la verdad de uno mismo y del amor.

María Ángeles Álvarez

Palabras presidenciales sobre la obra

En *Papá, amar y crear: una experiencia de libertad* la ternura de un bebito nos canta el amor de sus padres con él y con Dios desde antes de su gestación.

Es una visión mística de lo cotidiano, cuya lectura despierta asombro, admiración, nostalgia, alegría.

Es poético y profundo. Sencillo y complejo. Sutil y directo.

Joseph Yeladim trasciende la realidad del ahora con todas sus simples ocurrencias para mostrarnos cómo el amor de Dios se manifiesta en nuestras vidas.

La paternidad intensamente vivida por Papá en la relación con Simón y con Mamá es una manifestación de la espiritualidad que se desarrolla en la comunidad carmelita que forman Simón, Mamá y Papá.

Nos es difícil creer que algún lector pueda dejar de conmoverse ante esta narración de la bondad de Dios, del poder creador que nos regala y del milagro de la vida.

A nosotros, con sesenta y un años de vida matrimonial, la belleza de *Papá, amar y crear: una experiencia de libertad* nos impacta profundamente.

Lorena Clare y Miguel Ángel Rodríguez
(ex primera dama y expresidente de Costa Rica)

¡Padre nuestro!,
que estás en el cielo,
en la oscuridad,
en el vacío,
en la sequedad;
ora con nosotros.

«El alma que anda en amor ni cansa ni se cansa»[1].
San Juan de la Cruz

Esta es la historia de Papá[2]: un hombre poco convencional, abismal, providencial y ácrono, que nutre desde el alma la relación con su hijo Simón del Karmel. Mamá los acompaña entre la acción y la contemplación. Los Santos Carmelitas —Juan de la Cruz, Teresa de Jesús, Teresita de Lisieux, Isabel de la Trinidad, María de Jesús Crucificado, Teresa de los Andes y Edith Stein— irrumpen en la cotidianidad familiar. Los objetos son cómplices de ello.

Esta es la historia de una paternidad católica en tiempos de la Industria 5.0.

---

1. San Juan de la Cruz, *Obras Completas: Avisos espirituales, Dichos de luz y amor*, (s. l.: ed. Monte Carmelo, 1997), 104.

2. «Papá» y «Mamá» actúan por antonomasia de cualquier nombre propio.

Preludio

En el nombre del Padre, del Hijo y del *Spiritus Sanctus*, de Hildegard von Bingen.

Papá y Mamá vivían en una universidad, solo que este recinto del conocimiento no era como todos. Se trataba de un convento, una comunidad de frailes y seglares que pertenecían a una orden religiosa nacida en el Monte Carmelo, Israel. Se dedicaban a la oración contemplativa y al servicio a las almas, como las de ellos. Un día, Papá y Mamá viajaron cada uno por su cuenta hasta encontrarse en Ávila, España.

¿Cómo pudo un hombre como Papá terminar en un convento... con Mamá?

Hacía un lustro que Papá había decidido dejar las maniobras estériles; quizá inspiradas, pero en lo efímero, vacías. Sin abismo..., solo ideas desconectadas. Fragmentado. En su corazón escuchó una voz que decía: «No es tiempo de tratar con Dios negocios de poca importancia. No hagamos torres sin fundamento, que el Señor no mira tanto la grandeza de las obras como el amor con que se hacen»[3].

Pasó por el desierto del Néguev, en Israel. Y allí, a través de una joven sueca, que se convertiría en Carmelita Descalza, pudo experimentar que «el alma que anda en amor ni cansa ni se cansa» y que la fuente del deseo debe ser la necesidad de amar; pues solo la sed nos alumbra y de noche iremos a encontrar esa fuente.

Las calles de Eilat, una ciudad al sur de Israel, frontera con Egipto, acompañaron el canto en perfecto español, que susurró la mensajera nórdica en los oídos de Papá: «Nada te turbe, nada te espante, quien a Dios tiene nada le falta. Nada te turbe, nada te espante, solo Dios basta». Era la primera vez que escuchaba la canción. «¡Thérèse!, ¡Teresa!», dijo ella. Santa Teresa de Jesús, carmelita que años más tarde terminaría seduciéndolo e

---

3. Santa Teresa de Jesús, *Obras Completas: Castillo Interior*, (s. l.: ed. Monte Carmelo, 2010), 856.

inspirando el encuentro con Mamá. Fue una semilla plantada en el corazón de Papá con mucha sutileza de parte del Señor de las misericordias; sin duda había escogido a la persona indicada para esta misión.

Una noche, la casa bote a orillas del río Nilo fue cómplice del surgimiento de un pintor. Kajsa María, la mensajera sueca, puso un pincel en manos de Papá. Los colores estaban sobre la mesa en una sofisticada caja con pequeños compartimentos redondos. La punta del pincel acercó sus finos hilos al recipiente que albergaba gotas de agua. Con delicadeza lo condujo al humeante encuentro. Acto seguido, juntos, trazaban un círculo sobre el lienzo virgen. Luego, ella le dejó hacer lo que quisiera, él obedeció la alegría del instante eterno y las olas de las aguas caudalosas produjeron un movimiento inusual en la casita que los alojaba. Los arcángeles, desde el espacio, podían escuchar la sinfonía que salía del lugar y, en un acto de solidaridad, se unieron al ya surrealista momento. Dormían, embriagados en los colores.

El libro de Jonás acompañó el primer ayuno de Papá en Jerusalén. Era Yom Kipur, la celebración más importante del pueblo judío. Una modesta habitación contemplaba la lectura profunda que Papá hacía del hombre que desobedeció a Dios, pero que terminó por salvar un pueblo entero cuando se decidió a escuchar al Señor. Sonreía con alegría, no sabía que se preparaba para un regreso. Cerca de la habitación se encontraba la principal sinagoga de la ciudad. Alistó su kipá y entró al lado de una familia.

En el interior del lugar se quedó parado frente a una puerta por la que entraba la gente, justo al lado de una pequeña mesa con libros. Al entrar, las personas se dirigían a él pensando que era el encargado de repartir los libros de las oraciones para tan honorable día; así lo hizo, sin saber el contenido, se los entregaba y sonreía con ellos. De repente, cuando el rabino principal desenrollaba la torá, le entró un mensaje al teléfono: «Ven a la iglesia del vaticano». Era la mensajera nórdica que lo invitaba a una misa en la iglesia que lo bautizó y a la cual no volvía hacía dieciséis años. Algo lo estremeció y salió sin ser notado. Minutos más tarde regresaba a casa. Un sacerdote italiano presidió la eucaristía más corta a la que había asistido, pero que en palabras de la joven escandinava era la mejor de su vida.

Empezaba un camino de perfección para andar en verdad, y se convirtió en un buscador incansable y obsesivo. El sur de Israel presenció su osadía. Recorrió el desierto en mitad de la noche, buscando el lugar donde Jesús de Nazareth fue tentado por una criatura extraña y amorfa. No temía que apareciera ante él esa figura arcaica porque en el fondo se hacía la misma pregunta que Nicolás Copérnico: «¿Qué hay más hermoso que el cielo, que contiene toda la belleza?[4]».

Años más tarde, no miraba el firmamento, sino el mundo interior, que también tiene sus propias leyes, donde el *yo* no es el centro de ese universo; terreno explorado por el Premio Nobel de Literatura Jon Fosse en su libro *Septología* y San Juan de la Cruz en su *Noche Oscura*. Papá meditaba sobre esto, en silencio. Al entrar en escena Simón del Karmel, cualquier teoría se diluía y su realidad le hacía regresar a su estado de gravedad, pero este asunto se tratará más adelante con el astrofísico Carl Sagan.

París, Francia. Mientras Papá vivía un holocausto interior en tierras de Medio Oriente, Mamá hacía parte de un equipo de alto nivel en una oficina prestigiosa de arquitectura. Caminaba por las calles parisinas contemplando el río Sena. Algunas veces se detenía en uno de los famosos cafés a orillas del coloso que serpentea por la ciudad.

Un día, cuando estaba atravesando Hôtel de Ville, un importante centro administrativo de la ciudad, su mirada, «accidentalmente», se detuvo en una flecha que decía: Église Saint-Gervais-Saint-Protais. Siguió la pista de la señal hasta llegar a ese lugar: la sede de la Comunidad Monástica de Jerusalén, una orden mixta de monjas y monjes situada en el centro de las ciudades. Ellos visitan enfermos y viven de forma monacal, acatando la regla de su congregación.

---

4. Stephen Hawking. *A hombros de gigantes: Nicolás Copérnico*, (s. l.: ed. Crítica, 2016), 23.

La iglesia es un ejemplo de mezcla de estilos arquitectónicos: clásico, gótico y renacentista, con algún elemento barroco. Mamá sintió que estaba siendo tentada por algo que desconocía; por supuesto, no era aquel ser arcaico que «acechaba» a Papá. Sus ojos comenzaron un viaje inesperado, solo que la nave era su propio interior que vivenciaba una turbulencia inusual. Fijaba su vista en los materiales, luego en las formas y por último en los acabados. Contempló como en éxtasis la maravilla de construcción que la contenía, como el gran pez a Jonás.

En ese instante, la comunidad estaba ensayando los cantos para la misa del domingo. En la parte izquierda se ubicaban los hombres y a la derecha las mujeres. En el centro se encontraba el director, quien, con sus ademanes, anunciaba el inicio. Silencio. «La-u-da-te om-nes gen-tes, la-u-da-te do-mi-no…». Barítonos unidos a sopranos, contraltos con *mezzosopranos*, armonía celestial. Mamá recibía un llamado de Papá, sin siquiera conocerlo. Sus manos se desvanecieron al tiempo que el director las bajaba para dar por terminado el ensayo.

El francés era protagonista. Voces y murmullos parecían dirigirse a la única persona que había en la iglesia a esa hora de la mañana. Para ese momento, Mamá estaba envuelta en el olor reciente del más consagrado perfume que habían esparcido en forma de inciensos. La madera reluciente de la banca, tradicional y larga, recibió el cuerpo de una mujer activa y contemplativa, ahora exhorta en un misterio solo comparado a la aparición del ángel Gabriel a María.

Un mes antes de la llegada a Ávila…

Mamá había llegado a Cracovia, epicentro del encuentro mundial de jóvenes con Francisco, y para ese momento hablaba con Papá cada vez que podía. Un día Papá le dijo que hablara con el papa. Ella sonrió y no dio crédito a su sugerencia. Pero esa misma noche soñó que estaba con Papá visitando al papa, que el santo pontífice le guiñaba un ojo y le susurraba al oído «Este es un apóstol del León de Judá, síguelo», y despertó entre risas y angustias.

Esa mañana Mamá caminaba por las calles de Cracovia, en medio de un verano europeo. Un año más tarde, el mismo verano, sería testigo de la búsqueda de una parroquia para hacer el cursillo prematrimonial. Entró a una capilla de arquitectura neogótica, atraída por las tres puertas rodeadas de esculturas de santos que adornaban la fachada. Pero no se percató de que acababan de desalojar el lugar; solo quedaba ella en el interior. Al ser consciente de la situación, tuvo susto y se escondió en un confesionario.

Todo era solemne. Olía a serafines y arcángeles. Aún quedaba el perfume de los monjes de Taizé, que habían hecho su ritual orante unas horas atrás. La luz fluía como la divinidad. De repente, cerraron las puertas del lugar. Mamá escuchó a un hombre con acento argentino, que se despedía de algunas personas que lo acompañaban: «no se preocupen, voy a hacer una confesión breve». Acto seguido, Francisco reclinó su santidad, como cualquier feligrés, a unos centímetros donde estaba sentada Mamá, en medio de un colapso nervioso. Segundos más tarde, se escucharon tres golpeteos serenos ante el confesionario y una voz que dijo: «¡Así como Kepler estuvo determinado a comprender cómo y por qué Dios diseñó el universo, yo seguiré manifestando a los jóvenes que vayan contracorriente».

Mamá, al escuchar la voz del papa en perfecto español, argentino, deseaba que en ese momento las palabras de Juan en el apocalipsis se hicieran realidad y aparecieran ángeles y demonios y se la llevaran volando o, mejor aún, que se abriera la tierra y las llamas la consumieran. Solo acató a decir: «Su excelentísima majestad, pontífice papa Francisco, soy una de las jóvenes que cree en vivir contracorriente, y me escondí en esta capilla para estar en silencio. Siento no poder ayudarle con la confesión». Francisco sonrió, quiso saber un poco más sobre esa tierna y arriesgada voz que le hablaba. Mamá se arrodilló, recibió la bendición y sostuvo una vertiginosa y breve conversación con el papa; le contó sobre Papá y el sueño que había tenido la noche anterior. El papa le dijo: «Dejen todo y sigan la voz de los místicos. Oraré por ustedes. Yo te absuelvo en el nombre del Padre, del Hijo y del Espíritu Santo. Amén».

Papá estaba realizando una hazaña: visitaba una prisión de hombres en Colombia acompañado de un pintor, un cineasta y miembros de una comunidad confraterna que había fundado. Su paso por la Universidad de la Mística ese mismo año, donde conoció oficialmente a Teresa de Jesús, lo inspiró a trabajar conjuntamente el Castillo Interior y la pintura.

Una mañana, los prisioneros, en medio de las pinturas alusivas a las siete habitaciones del castillo teresiano, compusieron el rap de las moradas. Papá dejaba ver en su rostro el beso de un ángel en su alma. Pensó que al salir de la penitenciaría se dirigiría a su ordenador y no dejaría escapar ni una letra de la sublime oda a la alegría y al amor compuesta en medio de la desesperación y el olvido. Y así lo hizo: escribió entre vértigo inspirado y confianza piadosa esas majestuosas frases esculpidas desde aquellos corazones rotos. Una vez publicada la experiencia de las prisiones, el Castillo Interior y la pintura, llegó a oídos de Mamá. Pero la forma surrealista como se conocieron Papá y Mamá amerita la escritura de otro libro.

Mientras Mamá viajaba desde Polonia a España, leía, a través de una red social famosa, sobre las heroicas gestas que Papá hacía con hombres pobres y despreciados por la sociedad.

Casi a la misma hora, Papá le comunicaba al padre Gersaín, dueño del centro educativo San Gabriel, que ya no seguiría siendo el rector del colegio. Un amor mayor lo llamaba desde Ávila. Al día siguiente se fue a despedir de los prisioneros, y uno de ellos le dijo: «Estas manos, que tanto daño hicieron, hoy se convierten en hacedoras de paz y amor». Aquel hombre se llamaba Beto, cargaba consigo una condena de cuarenta años y, gracias al trabajo de Las Moradas de Teresa de Jesús, encontró en la pintura un sentido a su vida. El profesor de Arte manifestaba que sus trazos eran parecidos a los de Caravaggio.

Papá y Mamá habían dejado todo; desasimiento de sí, olvido de lo creado. Ahora su respirar era la compañía del otro. Atrás quedaban la familia, los amigos, la cultura; llevaban consigo la pasión por la pintura y la intuición de la mística.

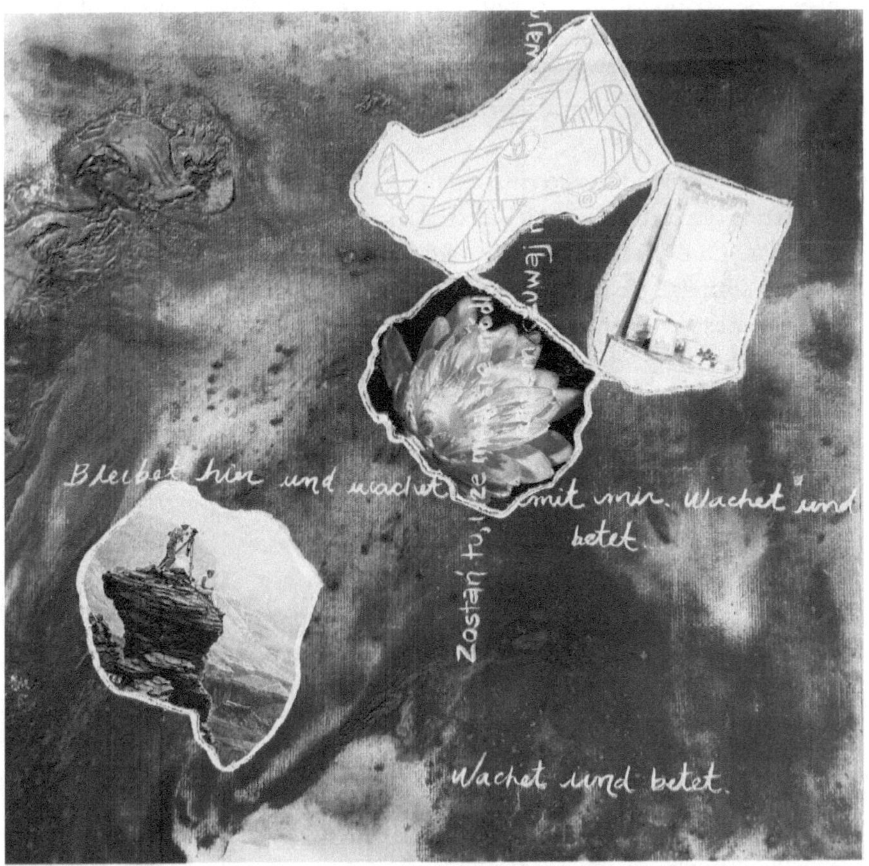

Mamá llegó primero a Ávila. Luego de hablar con el papa, renunció a sus trabajos de arquitectura. Llegó sola al pueblo de Teresa, pero esperaba a Papá. La estación de Renfe (Red Nacional de Ferrocarriles Españoles) fue testigo del encuentro en tierras abulenses. Ella estaba vestida de blanco. Aquella mañana se había despertado en medio de los laudes que cantaban los monjes de la Comunidad Carmelita. Ellos dirigían la universidad. Fue al comedor a desayunar con todos. En ese momento, Papá estaba aterrizando en Frankfurt. Mamá fue a la capilla «Música callada». Allí estaba en silencio, sola con el Santísimo, y llena de gracia. Al salir del primer encuentro del día, se dirigió a los jardines centrales del *alma mater*. Silencio. Sonreía a solas.

Papá visitó una capilla ecuménica que encontró en el aeropuerto. Silencio. De repente sintió que todo el terminal aéreo era una catedral y que los vuelos iban a diferentes partes del cielo. Su vuelo, particularmente, iba al lugar más sublime, donde lo esperaba un ángel. Pensó en Rembrandt y Murillo; quizá los prerrafaelitas estaban en alguna parte pintando esta escena de su vida.

Pasado el mediodía bajó del tren. Escuchó el ligero ruido del vestido de seda blanco que daba un toque celestial a su adamada. Ella corrió levemente, sin afanes. La espera había terminado. Sus ropajes blancos se perseguían, bailaban, sonreían. Ávila, Juan y Teresa habían cumplido su misión.

Unos meses más tarde acudían a clase juntos. Desfilaban ante ellos Orígenes, San Agustín, Dionisio el Areopagita, Santa Kassia, Hildegard von Bingen, Margarita Porete, Meister Eckhart, Juliana de Norwich y sus anfitriones, Santa Teresa de Jesús y San Juan de la Cruz. Rezaban juntos los laudes en la capilla «Las Moradas», a solas, sin ser notados. Almorzaban, caminaban, rezaban vísperas y cenaban juntos. Papá caminaba solo en las noches, como acostumbraba en el desierto de Israel, cerca al río Adaja, tratando de intuir la noche oscura.

En los jardines del convento de Ávila, regocijados con los albores del otoño, sus almas se confabulaban, y poco a poco se fundían en el descubrimiento de las notas del *Spiritus Sanctus* de Hildegard von Bingen, atendiendo a la voluntad divina y consagrándose a su unión de amor.

Una noche oscura, Papá se encontró con el enigmático fraile Jarek de Polonia. En realidad era parecido a Papá: poco convencional y con el hábito roído como signo de su pobreza, tan necesaria para entrar al reino de los cielos. Aquella noche bordearon el río Adaja entre el valor de la mística para estos tiempos, el rock, silencios y la importancia de la radicalidad para el seguimiento de Cristo.

Al regreso se detuvieron a contemplar la catedral… «Se cree que mientras estaba observando las oscilaciones de una lámpara colgante en la catedral de Pisa, Galileo descubrió la isocronía del péndulo que, medio siglo después, aplicaría en la construcción de un reloj astronómico»[5]. De la

---

5. Hawking, *A hombros de gigantes*, 352.

misma manera, el fraile polaco y Papá empezaban a construir caminos de vida interior por el cosmos infinito que habita el corazón de las personas.

Todos los días a las tres de la tarde se encontraban con el polaco en una calle del centro de Ávila, exactamente en el antiguo convento donde Teresa había entrado por primera vez. Rezaban juntos un rosario callejero que cautivó algunos jóvenes de otras nacionalidades; poco a poco se fueron uniendo. Papá se sirvió de la experiencia adquirida con este rosario para salvar su vida en Tanzania, pero esa historia, si nos queda tiempo, la contaremos más adelante.

Un día, mientras Papá preparaba una exposición de pinturas performativas creadas con jóvenes, le dijo al prior del convento que querían casarse y seguir viviendo allí; entonces, lo invitó a poner sus manos en una cubeta de pintura y plasmar su huella en las paredes. El abad lo hizo gustoso y aprobó la obra. Sin embargo, les sugirió, prudente y sabiamente, que era importante empezar una vida *civil* en medio de la sociedad, como feligreses que ordinariamente se reúnen en alguna parroquia.

Era verano. Papá y Mamá decidieron buscar una iglesia en España para hacer su cursillo prematrimonial. Casi todas estaban cerradas. Solo había una: San Juan del Hospital, en Valencia. Papá escribió un correo preguntando por la posibilidad de asistir. Le contestaron de inmediato; los esperaban el lunes siguiente, ¡era viernes!

Gracias a la influencia de un fraile carmelita pudieron alojarse en un convento de esa ciudad. Cada día asistían juntos a la iglesia, que estaba ubicada en el centro histórico, a unas pocas cuadras del museo de bellas artes.

Desfilaron ante ellos: médicos, abogados, artistas, ingenieros, parejas y hasta un sacerdote; todos, con las mejores intenciones, compartían sus experiencias de lo que significaba casarse. Papá y Mamá los escuchaban con alegría, aunque en el fondo intuían que poco les serviría. Es una experiencia tan personal…

Al repicar las campanas, Papá recordaba al escritor ruso Kuprín: «"¡Dann…!, ¡dann…!", cantaba con voz de bajo, grave y melancólica, a largos intervalos la enorme campana de la catedral, provocando ondas vibrantes que turbaban la atmósfera[6]».

---

6. Pablo Schostakovsky, *La vida apacible*, en *Grandes Escritores Rusos: Púshkin-Gógol-Lérmontov-Goncharóv-Turguéniev-Korolenko-Chéjov-Búnin-Andréiev-Kuprín-Gorky*, trad. Nina Maganov, (s. l.: ed. Cumbre, 1978), 421.

Había un bello coro en el que «los rostros de los niños [...] parecíanse a los de los querubines de Murillo que cantan a los pies de la Inmaculada[7]». Papá continuaba evocando la literatura rusa.

La obra del pintor Sorolla fue cómplice de este paso previo al matrimonio. Antes de llegar a la clase del día, Papá y Mamá visitaron el museo y contemplaron a un majestuoso pintor, que con sus colores y escenas cotidianas parecía reflejar la belleza que se vive en un matrimonio; obviamente, a la par con las más putrefactas oscuridades que habitan «normalmente» en una pareja.

Una vez graduados del cursillo se mudaron a San José, Costa Rica, para casarse a la mayor brevedad posible, justo una semana antes de la concepción de Simón del Karmel.

---

7. Pablo Schostakovsky, *Grandes Escritores Rusos*, 423.

Primera parte

Gestación

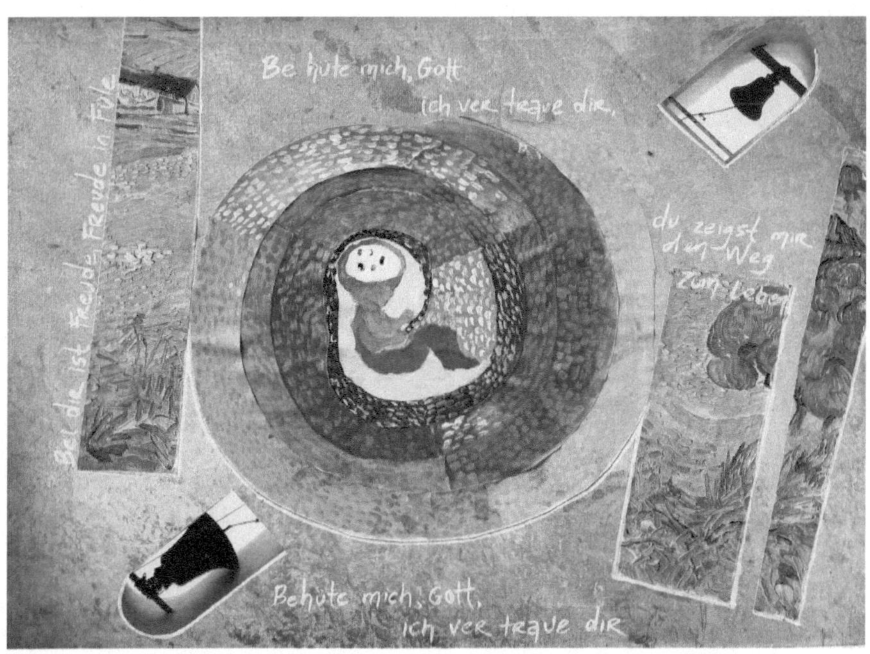

I. Solo quien se descose conoce los hilos de su existencia

Vivaldi fue un compositor italiano que vivió en el período barroco, aunque su obra ya mostraba indicios del impresionismo. Podéis acompañar este relato con la composición *Il Gardellino* y tejer esas hebras que andan sueltas…

Mamá empezó a tejer una cobija para Simón del Karmel el día treinta y cinco de su concepción. Punto, cadeneta; hilos entrelazados, composición amorosa. El *Nü shu* fue un código secreto creado en un pueblo de China para comunicarse mientras se teje; ahora, la madre lo usa para comprender a su bebé. Gris, verde, café y blanco son los colores de las hebras. Las manos que tejen tienen experiencia con los nudos.

En el vientre de Mamá no hay colores definidos como se conocen. La escucha llega hacia la semana dieciséis, la visión es tardía. Mamá toca la flauta cada día en un centro de desarrollo infantil e intuye que Simón escucha esos sonidos al igual que sus cantos. La voz de Papá le llega distorsionada, pero hay algo en el bebé que hace que la reconozca y sonría; por lo menos ese es el deseo de Papá.

Mamá y Papá cruzan sus miradas. En silencio, dialogan con el lenguaje *Nü Shu*. Aún no alcanzan a imaginar el sentimiento que experimentarán al tenerlo en sus brazos. La cercanía del nacimiento crea un repentino y desconocido amor hacia los abuelitos del primogénito.

Papá aprendió a tejer en un taller de encuadernación; las hojas de aquel extraño libro sobre psicoanálisis que tejía presagiaban la importancia de las manos para la paternidad. La celebración de este Día del Padre le enseñó a Papá que un festejo no está determinado por la imposición cultural, sino por la alegría de los niños.

El centro de desarrollo infantil ofreció una fiesta a los hombres paternos. Mamá tocó *Il Gardellino* con su flauta traversa, mientras que Papá, misteriosamente, sentía una alegría inusitada en la celebración. Decenas de almas, sin saberlo, tejían la cobijita; inspirados por la música barroca que, poco a poco, se convirtió en un símbolo para dejar morir sus nudos, descoserse y usar los hilos para entretejer una nueva vida.

II. El primer muñeco que buscan los padres
para el bebé es fundamental para su vida interior

El coro virtual de las Hermanas Carmelitas y su canción
***Nada te turbe* deslizará su hondura por este relato.**

Santa Teresa de Jesús fue una mujer lectora, arriesgada y desafiante, como todos los místicos, del *statu quo* espiritual de su época, de una manera sutil y persuasiva. Convirtió su interior en un laboratorio para experimentar con itinerarios de libertad en búsqueda de la unión con su amado.

Tejía las puntadas de ir al encuentro con el amado en el interior. Un aspecto importante era la recreación, el juego; quizá con muñecos que ellas mismas cosían.

Día 253 de Simón en el vientre de Mamá. La familia visitaba las Hermanas Carmelitas Descalzas de Costa Rica. Una reja plantea dos realidades. Afuera, Papá toma una silla y la ofrece a Mamá; ambos se sientan. Simón está presente, escondido. De las rejas hacia dentro había doce mujeres de clausura, orantes, enclaustradas, tratando de descifrar el camino para la unión de amor con su amado. Se levantan con sus hábitos, cantan para Simón; Mamá se pone de pie, como obedeciendo a Jesús de Nazareth, cuando le dice a un paralítico: «Levántate». Ella se para justo frente a la docena de vocaciones.

Papá sugirió hacer una oración por las personas que en ese instante estaban enfermas o se intentaban suicidar:

Refresca y alegra mi espíritu. Purifica mi corazón. Ilumina mis poderes. Dejo todos mis asuntos en tus manos. Tú eres mi guía y mi refugio. [...] Tu nombre es mi curación. [...] El recuerdo de ti es mi remedio. La proximidad a ti es mi esperanza y el amor por ti es mi compañero...[8] Tú eres el que todo lo sana. Sánanos, sánalos. Sánalos.

Silencio contemplativo. El ánimo alegre acompaña la conversación. Mamá dijo que Simón se movió mucho.

---

8. El Báb, Bahá'u'lláh y Abdu'l-Bahá, *Oraciones Baha'ís*, (s. l.: ed. Baha'í, 2020), 28.

En Costa Rica, de mayo a noviembre llueve todas las tardes, y ese día no fue la excepción.

¿Qué sentirá un bebé cuando llueve? A Papá le encanta caminar bajo la lluvia.

Al salir, fueron a un almacén de juguetes. Papá quería regalarle un muñequito de trapo o algodón. Buscó y no lo encontró. Solo había visto un caballito de madera y unos instrumentos musicales para bebé. De repente, vio un elefantico gris con orejas amarillas, suave como el algodón, alimentado con arroz. Sonrió. Lo compró y corrió hacia la clausura donde habitaba Simón.

III. Hay un mundo interior acá adentro

Shigeru Umebayashi es un compositor japonés que escribe música para cine. La pieza musical *In the mood for love* será de gran ayuda para comprender los misterios que rodean el primer hogar del bebé, en medio del agua.

254 días han pasado desde la concepción de Simón del Karmel. La sonrisa de Mamá y su frescura están intactas, sus pies se hinchan en el día y al amanecer están normales; necesita que Papá esté muy pendiente y que le dé ternura y mimos.

Simón vive en una casita. Un lugar. Un espacio. Una clausura. A solas, escuchando el cuerpo de su madre, percibe todo lo que pasa afuera de su morada; contempla a Mamá mientras duerme; observa cómo respira natural y espontáneamente. ¡¿Será que el bebé también duerme!?, ¿sueña? Hay un mundo allá adentro, una vida interior protegida de las inclemencias del clima, que contempla en secreto misterios insondables, como el descrito en el salmo 139. Nadie puede acceder a esta relación íntima y privada.

Seguramente ya quiere mudarse, porque cada vez se mueve más, pero quizá un día extrañe su refugio. Debe ser que ya quiere recibir el abrazo y los besos de Papá y Mamá, quienes le dicen que se tome su tiempo. Todos los días le hablan sobre el elefantico azul con orejas amarillas: ¡desea saludarte, Simón!

Papá leyó en algún lugar que «Las espartanas amamantaban a sus hijos ellas mismas y, al igual que las egipcias, no los fajaban; les dejaban libertad de movimiento»[9]. ¿Es mejor dejar a los bebés libres o envolverlos como un tabaquito al nacer?

La pancita es la fachada de la casa. Su primer hogar semeja a Venecia, Ko Panyi, pueblo de pescadores en Tailandia, Wuzhen en la China o Ganvie en África. Rodeados de agua, respiran excentricidades, como la vida en el interior de Mamá.

---

9. Luis Hernáiz, Mª Soledad Saiz, *La vida láctea, Historia cultural y anecdótica de la lactancia*, (s. l.: ed. Oberon, 2020), cap. 8.

IV. La oración es una maestra que obra en tiempos de «presas» mentales

Erik Satie, compositor francés que gesta composiciones urbanas a través de cotidianidades que marcan una tensión vital. Particularmente *Gymnopédie 1* puede acompañar este relato.

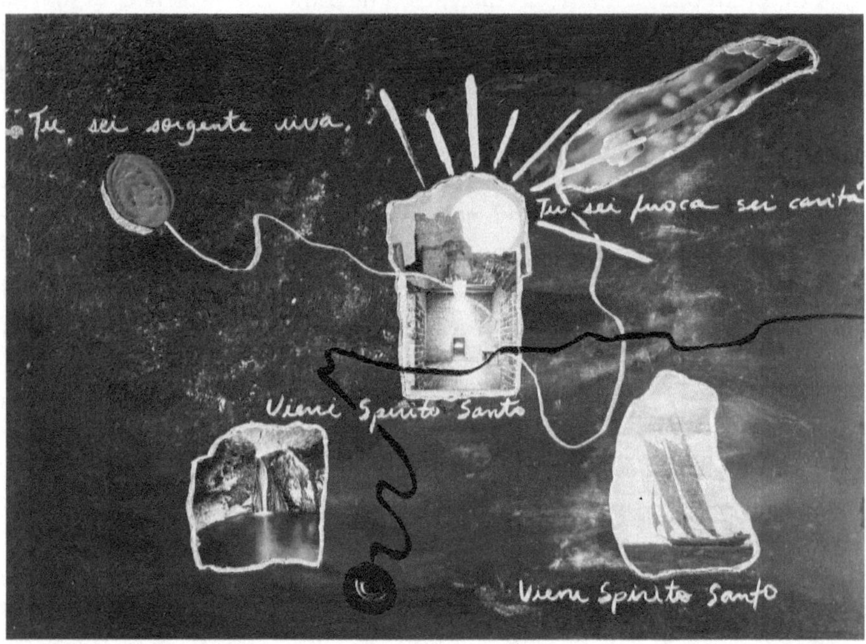

Han pasado 255 días desde el momento en que se convirtieron en padres. Ahora están a horas, días o, a lo sumo, tres semanas de ver en sus manos el fruto gestado. Una doula les dijo que la forma de saber que el bebé ya iba a nacer era que la pancita se ponía como un balón de básquet y que las venas se notaban en la superficie. También está el signo de las contracciones repetitivas por lapsos continuos de tiempo.

Los signos hablan de una verdad escondida, ayudan a resolver misterios. Por ejemplo, si alguien come chocolates y golosinas en exceso es un signo de que su alma necesita un poco más de dulzura. Papá cae en el vacío, un signo de que no sabe mucho de los partos. Sin embargo, espera con paciencia que la naturaleza le ayude.

Mamá es tranquila y espontánea. Cada día siente que Simón ya casi no cabe, y se mira la pancita en el espejo; Papá, a hurtadillas, sin que ella se dé cuenta, se empina, levanta su rostro y la contempla mirándose.

Desde hace unos días andan con las maletas, que ya están listas, a donde quiera que vayan. El hospital elegido para que Simón del Karmel acabe de nacer es el San Juan de Dios, ubicado en el centro de San José. Es de fácil acceso entre las 9.30 *p. m.* y las 4.30 *a. m.*, razón por la cual Papá ha venido compartiendo con Simón la idea de que esa sería la mejor hora para conocerse. De lo contrario, podrían correr el riesgo de quedar atrapados en un tráfico congestionado o «presa», como le llaman en Costa Rica. En ese caso, Simón podría ver la luz en un coche.

Mamá ha mencionado antes de acostarse que la misión de Papá es muy bella y meritoria, porque desde la fe debe estar atento, ser un ángel guardián y vigilante. Todo se juega dentro de la mujer, y ella es la que guía el camino a través de la expresión del ser que la habita. Es un signo de belleza para el bebé.

Mientras tanto, Papá imagina un balón de básquet y está preparado para escuchar a Mamá manifestar en cualquier momento los dolores que no dejarán duda de que llega el instante más vertiginoso de la existencia.

V. La oración de agradecimiento familiar
concede el poder de profetizar

La música al servicio de la mística aparece de la mano de Gabriel Fauré con su composición *Pavane,* y abre una puerta donde se encuentra el nombre de Simón.

Han pasado 256 días desde la concepción.

Un día de diciembre, los padres de Simón estaban en una misa en Villa de Leyva, Colombia. Antes de terminar la ceremonia, Papá miró a Mamá y le dijo: «Simón. Nuestro primogénito se llamará Simón». Ella estuvo pensativa un momento. Lo llevó a la contemplación. Luego sonrió. Al salir de la misa indagó por el significado del nombre y se dio cuenta de lo valioso que resultaba. En ese momento abrazó a Papá.

Parece que los hijos simplemente llegan un día. Escogen a sus padres. Justo había pasado una semana desde su matrimonio cuando Simón del Karmel llegó a la casita, que poco a poco se ha ido adaptando a sus requerimientos. Desde ese día no ha parado de crecer, de enseñarles y de llevarlos a lo más profundo de sus interioridades.

El bebé refleja el amor que Papá y Mamá deben tener por padres, abuelos, bisabuelos, tatarabuelos, etc. Cada uno de ellos hizo su aporte para que esta nueva vida se abra campo y adquiera una humanidad propia, que ya en el vientre de Mamá, desde el primer instante, ha producido transformaciones desde el interior hacia el exterior.

Exactamente tres semanas después de la concepción de Simón del Karmel llegó su prima Layla «de la Trinidad» —apelativo que recibió el sábado pasado de las Hermanas Carmelitas Descalzas de Costa Rica—, y ambos han crecido juntos en los vientres de sus alegres y cálidas madres.

¿Qué misterios encierra la vida para que dos hermanas queden en embarazo por primera vez casi al mismo tiempo? Quizá en la visita de María a su prima Isabel esté el secreto.

Mamá ha tenido la pancita como un balón, pero no hay contracciones ni síntomas. ¿O sí? Papá empieza a despedirse del mundo de la cordura. Todo es fruto de la búsqueda de la verdad. Los padres de Simón solo tienen la experiencia de haber sido hijos, y eso es suficiente. Quieren obrar con naturalidad, y escucharlo, porque comunicarse con él es todo.

Papá es estricto con la alimentación, por herencia de sus padres, y piensa que es fundamental tomar mucha agua, comer ensaladas de mínimo cinco colores, no comer sal ni azúcar, desayunar exageradamente, tomar un almuerzo equilibrado con colores variados y cenar temprano y poco. Durante la última cita con el ginecólogo, que fue hace cuatro semanas, ¡Simón pesaba 2600 g!

VI. Teresa de Ávila enseña a andar en verdad, al igual que la ciencia de Carl Sagan (*Pale Blue Dot*)

La Tierra es un barco flotando en el espacio, entre muchos otros barcos. Atrás quedaron los postulados Aristotélicos-Ptolemaico que planteaban que la Tierra era el centro del universo y todo giraba alrededor de ella. Los padres dejan de girar sobre sí mismos, ahora su Sol es el centro de la galaxia Hogar.

En 1990 la sonda espacial Voyager 1 giró su cámara antes de salir de la Vía Láctea y tomó una foto en la que había miles de millones de puntos pixelados, uno de los cuales era el planeta Tierra. Así narraba el astrofísico Carl Sagan una experiencia de la que hizo parte.

El mismo científico recomendaba a los padres que tomaran en serio cada pregunta de los niños; por ejemplo, que cuando se inquietaran por saber algo acerca del universo no posaran de sabelotodo ante los infantes, sino que los llevaran a pensar que ellos podrían ser los próximos en descubrir la respuesta.

Allí estaba suspendido en el espacio interior de Mamá, encapsulado. Hace 257 días, Simón del Karmel es una nueva vida para el planeta. Su juguete preferido bien podría convertirse más adelante en la dirección de una nave espacial.

Papá y Mamá se conocieron gracias a las cartas que enviaron cientos de personas alrededor del mundo para los prisioneros de Villahermosa, en Cali, Colombia. Ella fue una de las que escribió a otros que no conocía. Sin duda, un acto de fe, esperanza y caridad. Quizá Dios le escribe a diario a todos los padres para ayudarles a conocerse a través de sus parejas e hijos.

Ahora todos están unidos de alguna manera. Hay testigos que llegan para dar cuenta de lo fluida que es la vida, sin darse cuenta, en el silencio; tantas voces que los habitan simplemente se acallan y dan paso al desarrollo del misterio. Allí está Simón habitando a Mamá hasta que, no se sabe cuándo, termine de nacer. Lo que experimentan sus padres es una expectativa inquietante y vertiginosa. Inefable.

Mamá dice que pararse es una odisea. Cada día le cuesta más trabajo ponerse en pie. Papá ha olvidado calentarle a Mamá el agua con sal para que rebaje la hinchazón de los pies. Quizá está dejando de diferenciar el mundo real, la física de Ptolomeo, para instalarse en la relatividad Einsteniana, tan incomprendida. Es el nuevo estado que lo empieza a circundar, y se empieza a olvidar de sí mismo; ya no es el centro de su vida.

Este proceso es una afrenta al egoísmo. Papá y Mamá conversan como si el bebé estuviera en medio de ellos, y ciertamente lo está a su manera, completando la trinidad. Una nueva familia que, por instantes, siente que toda la vida es una anécdota y que nada debe turbarles, porque todo se pasa y cada acto cotidiano es un aporte a la trascendencia.

¿Será que los bebés sueñan en el vientre materno? Papá piensa que sí, porque el planeta es como un embarazo y todos los que viven en él sueñan a diario. Papá ya ha soñado con Simón desde antes de saber con evidencia que era un varón.

Algo extraño conecta a Papá con el bebé, una bella relación que trasciende lo parental. A Mamá le pasa igual cuando se comunica con el bebé por medio de la voz, los pensamientos, el cuerpo y el silencio en el que se contemplan mutuamente. Multiversos unidos por el amor.

Un día alguien como Simón del Karmel descubrirá la vida en otros planetas; en ese momento un embarazo será la fuente más grande de investigaciones para saber cómo esos seres pueden vivir en medios acuáticos hasta salir a la superficie, y el Génesis tendrá que reescribirse por mandato del mismo Dios que ha creado a unos y otros.

VII. Los juguetes crecen y se olvidan de los niños

Sufi dance and persian music, de Farid Sheek, acompaña el
encuentro de Simón con su primer juguete.

Desde los treinta y cinco días de concepción hizo aparición el primer juguete de Simón: ¡el cordón umbilical!

El planeta Tierra tiene agua. ¡Mucha agua! En el vientre de Mamá todo es agua. El cuerpo está en relación con el medio acuático. De repente hay algo para jugar. Es un juguete exclusivo, y desde ese día que lo descubrió no lo suelta. Bendito cordón que entretiene al bebé en tiempos de soledad. Papá dice que es un objeto fantástico, y está meditando qué hacer con ese juguete tan importante: ¿sembrarlo al lado de la semilla de un bello árbol?, ¿disecarlo? ¿Y cómo lo lleva? ¿Lo dejan sacar del hospital? Primero debe asegurarse de que no lo corten antes de tres minutos; que viva hasta que termine su misión. Papá y Mamá aman ese juguete que ha acompañado a Simón del Karmel por más de doscientos días.

Mamá concibió a Simón en su vientre hace 36,714 semanas. Los cálculos de las consultas dan doce días más a partir del inicio oficial del embarazo; el cuerpo de Mamá es extraordinario: ¡preparó todo desde hace 270 días! Allí confluían lo biológico, mental, emocional y espiritual.

El cuerpo de la mujer es un encuentro que crea vida, como ocurrió en el planeta hace millones de años. Todo empezó con una célula, y luego las condiciones permitieron su desarrollo.

¡Cuánto valor tiene una vida!, ¡y cuánta historia!: ¡25 generaciones son 1500 años! Dentro de 25 generaciones llegaremos al año 3518, y nadie nos recordará. Pero habremos sido tan importantes como aquellos que vivan en ese tiempo.

Papá está leyendo *El lenguaje de los pájaros* del poeta iraní Attar. Este es un canto a la mística donde todo se relativiza debido a la condición efímera y a la vez eterna de la vida. Según el poeta, «conocerse a sí mismo es existir cien veces. Pero tú debes conocer a Dios por él mismo y no por ti»[10].

---

10. Farid al-Din Attar, *El lenguaje de los pájaros*, (s. l.: ed. Edicomunicación, 1986), 16.

Ninguno de los pensamientos de sus padres influirá tanto en Simón del Karmel como la fuerza creadora que lo habita, y lo irá conduciendo por el camino de la búsqueda de su verdad, para ser libre de experimentar con su sentido de vida, el cual sobrepasa cualquier entendimiento.

Papá ha creado un mural con las manos y pies de los bebés con los que trabaja en el centro de desarrollo infantil; aunque algunos usaron pinceles. Este mural realizado con niños, que están más cercanos a la experiencia de la gestación, es una intuición del bebé que habita en el vientre. Mamá lo contempla en silencio y esboza una genuina sonrisa ante las creaciones de los «amiguitos» de Simón.

Cada mañana, Mamá toca la flauta traversa y canta en un círculo rodeada de bebés. Ellos entienden todo lo que pasa con Simón, aunque aún no puedan hablar para compartirlo.

Es tiempo de ayudar con el mural: Simón hace de su juguete un pincel, ha convertido el vientre de Mamá en la pared sobre la cual hace sus primeros trazos. Pinta sobre su piel, desde el interior.

VIII. La lectura es un alimento para la contemplación

Maurice Ravel fue un postimpresionista, podía interpretar la naturaleza con sus composiciones. La protagonista de este relato es su obra *Le Tombeau de Couperin*.

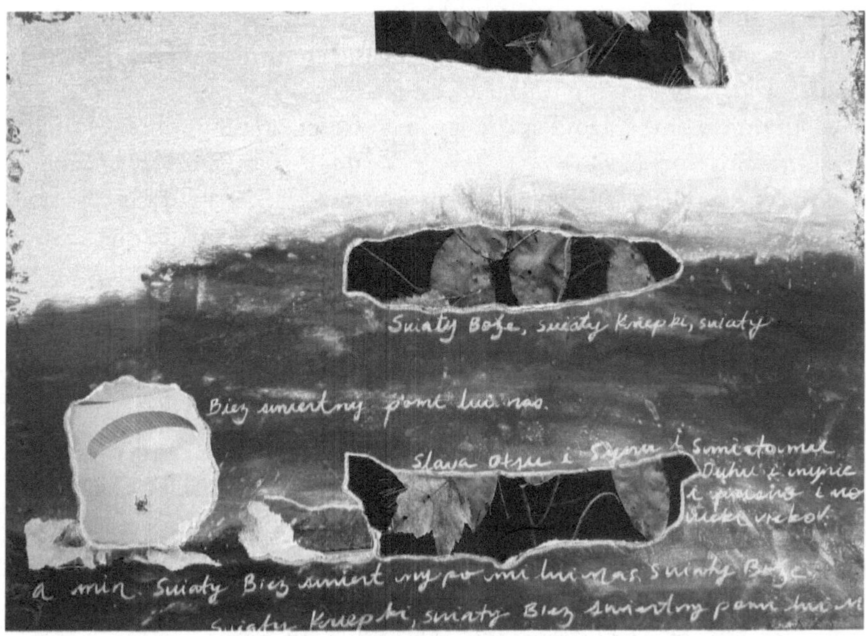

«Tú no sabes lo que estoy sintiendo», dice Mamá, porque Simón del Karmel se está moviendo de manera diferente. Papá observa que la pancita ha cambiado y el cuerpo del bebé empieza a imprimir sus formas de manera cada vez más pronunciada. Papá siente algo diferente, algo semejante a los días posteriores a la concepción, durante los cuales experimentó un vértigo extraño.

Han pasado 259 días desde que el milagro llegó a sus vidas. En el principio solo intuían que había llegado. Pasaron diecinueve días para que se hiciera evidente su arribo, y desde ese momento Papá y Mamá han sentido la presencia de un ser que poco a poco ha ido transformando deseos, anhelos e incluso todos los proyectos. La presencia de un bebé desafía cualquier plan y obliga a reestructurar la vida; de no ser así, todo será un caos y los signos aparecerán sobre la faz del hogar.

A partir de este instante pueden pasar minutos, horas o, a lo sumo, nueve días. ¡Qué bella incertidumbre! Lo mejor de la vida es lo que te sorprende. Aquello que no esperas te obliga a cambiar mucho de ti.

Mientras Papá escribe, Mamá está pendiente del reloj para medir la frecuencia de los dolores en la parte baja del vientre. La gestación esconde secretos que podemos descubrir si, olvidándonos de nosotros mismos, estamos atentos a esa nueva vida. Todo consiste en intuir al bebé; percibirlo, constatarlo, hablarle, comunicarse con él.

Durante el embarazo, Papá le leyó en voz alta algunas obras, entre las que se incluyeron *El libro de la selva*, *Cuentos de la alhambra*, la Biblia y *Cuentos de los Hermanos Grimm*, entre otras. Un día ya no le leyó más porque supo que el bebé escuchaba mejor la voz de la madre que la suya. Entonces, se quedó tranquilo y en silencio. La mamá, con su tierna y nítida voz, arrullaba al bebé, transmitiendo paz y templanza. Papá sonreía mientras leía a su lado *El capitán Alatriste*, y llegaba a la hilaridad con *Pippi Calzaslargas*, la niña marinera de nueve años que vive sin los padres, sola, en compañía del señor Nilsson —un mono—, un caballo y una maleta llena de monedas de oro. Tampoco va a la escuela, y tiene tanta fuerza que venció al hombre más fuerte del mundo en el circo del pueblo. Al acostarse se dice a sí misma que es tiempo de dormir; si no obedece ¡se jala las orejas! Recibe visitas de ladrones y policías en su casa, y todos salen sorprendidos con la inteligencia y astucia de Pippi. La escritora Astrid Lindgren creó este personaje para su hija de siete años que estaba enferma.

Papá no le lee a Simón para que sea un buen lector, sino para compartir una de sus pasiones. Solo en *La leyenda del príncipe Ahmed* tuvo una intuición debida a lo surrealista de la búsqueda del amor en paisajes que curiosamente había visitado, pero esa intuición será revelada en otro momento.

Mamá y Papá dicen que lo más importante es amarse y amar lo que hacen, ser creativos e incansables en la búsqueda de la propia verdad. Papá ha sentido que este primer momento de paternidad lo ha confrontado con todo en su vida y que el matrimonio es espléndido cuando los dos tienen la misma mística.

Cantar, orar, reír y llorar juntos le ha mostrado a Simón las debilidades y fortalezas de sus padres. Estos son los padres que ha elegido; y ellos, apenas empezando, están gustosos, con muchos deseos de aprender. Contemplar las miserias es el primer paso hacia la humildad.

Papá escucha *Le Tombeau de Couperin*, de Maurice Ravel, mientras escribe. En esta composición se desliza en medio de la noche mientras espera que Simón acabe de llegar en un lapso de 5 a 216 horas. El paso por el vientre enseña sobre la maravilla del dolor. Papá, Mamá, familia y amigos nacen con la nueva vida. Cada nacimiento en el mundo transforma a todos.

Postdata: ¿Es posible que Mamá tenga contracciones y no se entere? ¿Y si nace sin darnos cuenta?

Segunda parte

Parto y primeros meses

«Laudate omnes gentes laudate Dominum», cantan los padres de Simón, haciendo eco de las contracciones.

IX. El nacimiento del hombre nuevo promueve una renovada y consagrada humanidad

Tchaikovsky es el invitado de honor en el parto de Simón con su *Concierto para violín*.

El rostro de Mamá estaba tranquilo, paciente, alegre. Quizá pensaba en sus momentos de oración a solas, siendo una con el Santísimo en el convento de la Encarnación, en Ávila. Allí Teresa de Jesús tuvo su matrimonio espiritual. La gestación estaba terminando. El fruto de sus entrañas buscaba la salida; la casita que lo alojó rebosaba de inquietud por saber qué sería de su inquilino.

Papá escuchó en Israel una historia sobre el momento en que los bebés van a ver la luz: justo antes del nacimiento, un ángel llega al lado de la mujer, se para en actitud contemplativa, con una misión secreta y fundamental para el recién nacido. Aguarda el primer momento, en primera fila, sin ser notado; por supuesto, en silencio. Estira su dedo índice —porque los ángeles tienen la misma apariencia de un ser humano, quizá un poco más bello—, y apenas sale la cabeza del bebé, antes que nadie lo mire, posa su dedo sobre la comisura superior del labio de la nueva esperanza de la humanidad y se termina de formar la hendidura que todas las personas tienen. El ángel sonríe, al igual que el bebé, y susurra un secreto en el oído virgen del infante: «Cuando quieras saber los secretos de tu existencia, ve al silencio». Acaba de nacer. El cuerpo, evidencia de lo real, parece desorientado; sin embargo, es puesto en el pecho de Mamá y allí contempla su primer estado de plenitud.

La pediatra de Simón había traído agua bendita como regalo.

—¡Bienvenido, Simón del Karmel!, ¡eres luz para el universo! —gritó Papá en la sala. Y apenas Simón estuvo en el pecho de Mamá, sacó el agua bendita y lo bautizó en el nombre del Padre, del Hijo y del Espíritu Santo. Amén.

Un instante breve, suficiente. Ahora deben intervenir con urgencia a Mamá. Es así como el bebé llega a los brazos de Papá. La primera hora fue un triunfo. Mientras Mamá demostraba la valentía de las mujeres en un parto, y sufría apartada del ser que la ayudó a comprender lo inefable, Papá entraba a otra operación: el Espíritu Santo estaba encargado de intervenirlo.

Y en un instante, mientras se reconocían, sonó en la sala de partos el concierto para violín de Tchaikovsky. En ese momento Simón del Karmel detuvo su mirada, como cuando vemos por primera vez un ángel, y escuchó la música con Papá. Éxtasis para las dos almas, un preludio cercano al matrimonio espiritual, la respuesta a todas las preguntas que alguien se puede hacer durante toda una vida.

El concierto terminó y Papá inventó la primera historia para Simón, mientras lo cargaba:

—Había una vez una nube. Había una vez un niño. El niño vio cómo la nube venía hacia él y se convirtió en semillas. El campo donde estaba el niño sirvió de casita para cada semilla de nube. Florecieron grandes cascadas de agua. Entonces Papá dijo: «Esto es para ti, amado, en tu primer día de vida».

X. El calostro, un gozo del cielo en la tierra

Las cuatro estaciones, de Vivaldi

Simón del Karmel está cumpliendo cinco días. Levantarse a las 12.04 y a las 3.09 *a. m.* tiene muchas ventajas. Papá es el encargado de la música y de encender la luz tenue en el momento en que Simón abre los ojos. Cuando esto ocurre, Papá hace un gesto casi imperceptible y susurra a Mamá «está despierto». Todo, entonces, se dispone para el ritual del amamantamiento. Mamá siempre está dispuesta. El calostro ha cumplido su misión y ha abierto paso a la lactancia; lo que recuerda a Papá el episodio mítico que inspiró el nombre de la Vía Láctea por causa de la mujer del dios Zeus, quien quitó el pecho a Hércules y dejó que el chorro de leche se extendiera en el espacio.

Hay bondades de levantarse en reiteradas ocasiones durante la noche y la madrugada. Papá y Mamá se miran y sonríen. Todo en ellos se ha rejuvenecido. Este parece ser un poder especial que adquieren quienes se convierten en padres.

La mejor hora del día para meditar y orar es la madrugada. Hoy, particularmente, la Vía Láctea se abrió paso en grandes proporciones, dejando a un lado la fase calostro. Por tal motivo, hubo extrañeza en Simón, quien no lograba adecuarse a las cascadas del sempiterno líquido. Papá dejó entrar *Las cuatro estaciones* de Vivaldi, se contagió de ellas y salió envuelto de su mística. El llanto se detuvo, el hambre desapareció.

Mamá canta oraciones compuestas por los monjes de la colina de Taizé, en Francia; aquel lugar donde Papá tuvo un sueño con Mamá, sin conocerla, y tres cachorritos de león, que serían los hijos que tendría. Era la madrugada del 13 de febrero. Se levantó con sigilo, para no despertar a sus dos compañeros europeos de cuarto. El frío, proveniente de los Alpes suizos, recorría la inspirada estancia y helaba las miserias interiores. Luego de caminar unos metros, afuera de la habitación, encontró una banca parecida a las que reciben a los feligreses en las iglesias convencionales. No quería dejar escapar ninguna parte de la revelación que apareció en su intimidad. Empezó a escribir desenfrenadamente, como cuando una cebra huye del león. Pero el relato de lo que soñó aquella noche será guardado como un tesoro y verá la luz en el tercer libro de esta trilogía que está empezando. Por lo pronto, es importante decir que en ese instante escribió «Regla de santidad para un hombre casado y con tres hijos» que, por supuesto, será revelado a lo largo de dicha trilogía.

Simón contempla una hoja cayendo de un árbol, quizá la misma que Vivaldi ve suspendida en el aire mientras el viento la acaricia y seduce desde la primavera hasta el invierno; cambia de colores. Papá lo recibe en sus brazos. Poco después estaba siendo amamantado por una fiel buscadora de la verdad sin quitarle el alimento de la boca. De la mano del compositor veneciano desciende al amanecer del quinto día en la vida del primer hijo del Karmel.

XI. El alimento materno inspira conciertos sublimes en el interior

Concierto para oboe y violín, BWV 1060, Bach

Ocurre así
la lluvia
comienza un pausado silabeo
en los lindos claros de bosque
donde el sol trisca y va juntando
las lentas sílabas y entonces
suelta la cantinela

así principian esas lluvias inmemoriales
de voz quejumbrosa
que hablan de edades primitivas
y arrullan generaciones...[11].

Muy temprano. Papá estuvo atento a cambiar el pañal para el recién nacido. Simón aún no había hecho las gracias mayores, pero ya estaba húmedo. Mamá es contemplativa del sueño de madrugada. Mientras cambia al bebé, Papá le cuenta que su amiguito Lucas ha nacido la noche anterior y tararea una mezcla de *Las mañanitas* con *Cielito lindo*, al tiempo que roza con su mano la delicada piel de Mamá, en gesto de solidaridad con Simón, quien acude al manantial de vida para alimentarse. Mamá sonríe con dulzura y acoge tiernamente al bebé, que sucumbe a una poesía:

Eres manjar del cielo
¿Por qué me seduces cuando despierto?
Porque cautivas mi paladar y todo mi interior.
¿Por qué nos convertimos en uno solo y, a veces, ya no sé quién soy?
Secreto revelado en un sueño.

Los labios de Simón cumplen con la cita de madrugada, y este se deleita a la par que escucha un pequeño concierto de violín y oboe, que hace parte de los *adagios* de Bach. ¡Muy buenos días!

---

11. Aurelio Arturo, *Antología de la poesía colombiana,* (s. l.: ed. Norma, 2005), 106.

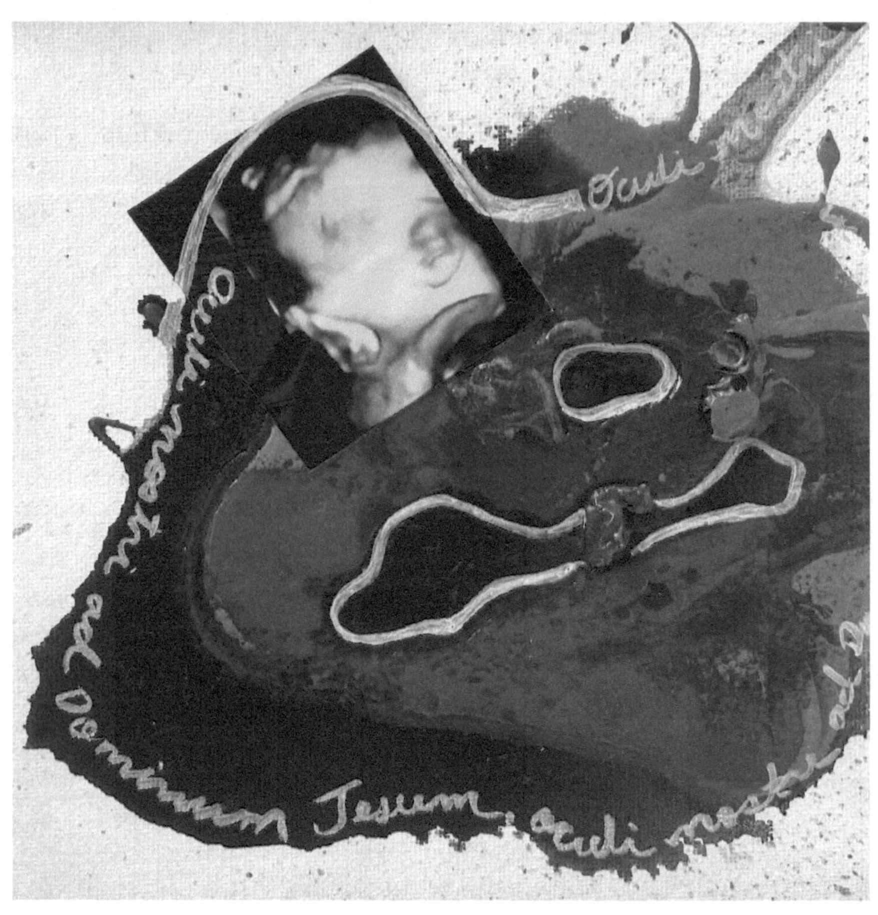
Oculi nostri
Oculi nostri ad Dominum Jesum, oculi nostri ad D

XII. El silencio del bebé

A unos metros de la ventana se escucha el canto del yigüirro, pájaro emblemático de Costa Rica, que se confunde con el *Concierto para piano n.º 23* de Mozart.

Papá comprende que un bebé no habla porque está absorbiendo todo con sus sentidos. Los bebés están experimentando el reino de los cielos; algunos adultos hacen acrobacias vanas por llegar a conocerlo. Experimentar la vida en silencio permite contemplar con deleite las maravillas que nos rodean. A las 20:16 de ayer sábado Simón del Karmel cumplió su primera semana. Empieza a construirse una trinidad entre Papá, Mamá y el bebé.

Los movimientos del bebé están coordinados con su realidad psicomotora, son una ventana transparente a lo que fue su vida intrauterina. Existen los primeros trazos de una relación con objetos: la manta, una cuerdita que Mamá lleva en la mano, el dedo de Papá y su mirada que hace juego con los padres cuando le cantan «Nada te turbe, nada te espante, quien a Dios tiene nada le falta. Solo Dios basta». Esos son los primeros indicios de querer jugar, o por lo menos ese es el deseo ferviente de Papá. ¡Qué bello es levantarse de madrugada y trabajar en equipo con Mamá!

Cada amanecer, Papa y Mamá hacen un picnic en el cuarto y disfrutan de un delicioso pastel de zanahoria con leche de almendra calientita para acompañar al bebé en una de las dos cosas que, por lo pronto, más ama.

Silencio. Escucha. El desarrollo del alma no depende del crecimiento orgánico. Algunas veces, como en el caso de Teresa del Niño Jesús, está muy despierta desde el nacimiento, solo Dios sabe por qué.

XIII. Susurrar oraciones de santos
a los niños abre las ventanas a la belleza

El bebé despierta
temprano hoy
rejuvenece Papá.

Mamá escribió una frase de Santa Isabel de la Trinidad: «Dale un beso
y después hagamos silencio junto a su alma para adorar al Dios que lo
habita»[12]. Al amanecer lo contemplaron y lo besaron. Luego se miraron y
se dijeron: «¡Qué hicimos para que quedara tan bello!».

Papá quiere contarle historias, cantarle y explicarle el mundo que lo rodea.
Sin embargo, todo termina luego de treinta segundos:

La criatura gestada
abandona a Papá,
danza con Mamá.

Con ella tiene negocios más importantes.

---

12. Isabel de la trinidad. *Obras Completas: Carta 222*, (s. l.: ed. Monte Carmelo,
2009), 631.

XIV. Orar con un bebé de brazos es como arrullar al niño Dios

Ana Alcaide canta *Durme, durme*. Arrulla tu niño con esta pieza musical y descubre los secretos que te fueron revelados en el vientre materno.

Sus ojos contemplan su criatura en el vientre materno, como lo describe David en el salmo 139:

Tú mis entrañas has formado,
me has tejido en el seno de mi madre [...]
No se ocultaba mi osamenta a ti
cuando era yo formado en lo secreto,
tejido en los hondones de la tierra.[13]

Hilo. Aguja. Manos. Teje, teje, teje...
Vientre, dedos, hilos. Invisibles; teje, teje. Teje...
Voz, boca, palabras. Susurros. Oído, vientre, risas, complicidad.
Teje, teje. Teje...

Simón del Karmel detalla y escudriña algo en Papá y Mamá, su mirada los esculpe; fija un sendero al empezar a reconocerlos.

Cuando duerme, la comisura de sus labios se mece como una ola en una tarde cálida, y Papá dice a Mamá que está soñando algo alegre, aunque en el fondo tiene la convicción de que en ese momento hay un diálogo celestial que no podría comprenderse. Si hay un mundo interior dentro, ¿cuánto más hay uno en el vientre materno?

El conocimiento sobre los bebés es pobre, tanto como Suiza en un invierno glaciar. El asombroso desarrollo del alma *in utero* está por descubrirse, solo puede intuirse que el recién nacido guarda vivencias, incluso trata de expresarse y compartir algunos secretos que, misteriosamente, solo se podría comprender con una experiencia extrema que lleve a la persona al origen; quizá unos 5784 años atrás.

---

13. F. Cantera, M. Iglesias, *Sagrada Biblia: Versión crítica sobre los textos hebreo, arameo y griego*, (s. l.: ed. BAC, 2019), 681.

Hilo. Aguja. Manos. Teje, teje, teje…
Vientre, dedos, hilos. Invisibles; teje, teje. Teje…
Voz, boca, palabras. Susurros. Oído, vientre, risas, complicidad.
Teje, teje. Teje…

XV. «El alma que anda en amor ni cansa ni se cansa»[14]

Simón del Karmel ya tiene diecinueve días. Una madrugada, mientras estaba en uno de sus viajes por la Vía Láctea se atragantó de la inmensidad, quedó suspendido, sin respiración, en el pecho de Mamá, quien intentó traerlo a la Tierra, pero él estaba gravitando.

Papá, puesto en pie, contempló su mirada y lo recibió en estado de conmoción interior. Recordó un cuento de Marguerite Yourcenar en el que el viejo Wang-Fô pinta con extremado realismo un delicado instante de apuro; solo una cosa podía salvar su vida. «Tranquilo, amado mío», dijo Papá llevándose a Simón a su pecho con la suficiente ternura como para

---

14. de la Cruz, *Obras Completas: Avisos espirituales, Dichos de luz y amor,* 104.

que sanara y quedara con ganas de ir a visitar cuantos lázaros resucitados se atravesaran en el mundo.

Papá tomó al bebé en arrullo místico, y con un bailecito suave y sereno, mientras le cantaba *Kadosh, Kadosh, Kadosh*, sucedió algo del orden de lo inefable. Había cerrado los ojos mientras arrullaba a Simón; cantaba y bailaba, al tiempo que el viejo prisionero Wang-Fô pintaba un paisaje marino: en el océano esbozaba una pequeña embarcación, y en ella se subió con sigilo, en silencio. Ahora navegaba con rumbo a su libertad, sentía como si fuera agua de lluvia cayendo sobre el mar; y la lluvia y el mar se confundían, se volvían uno solo: «En la noche dichosa, en secreto, que nadie me veía ni yo miraba cosa, sin otra luz y guía, sino la que en el corazón ardía»[15].

Wang-Fô y Papá se hallaban suspendidos, gravitando, en alguna parte de la Vía Láctea.

---

15. San Juan de la Cruz, *Obras Completas: Poesías*, (s. l.: ed. Monte Carmelo, 2010), 54.

XVI. Libertad es saberse amado por la familia

Los hermanos africanos tienen mucho para enseñarnos, y con esta nana en lingala de origen congolés, *Olele Moliba Makasi,* nos transmiten sus conocimientos ancestrales sobre la importancia de los lazos familiares.

En su autobiografía, Nelson Mandela dice que «no hacemos las mismas distinciones entre los parientes que hacen los blancos. No tenemos medios hermanos ni medias hermanas. La hermana de mi madre es mi madre; el hijo de mi tío es mi hermano; el hijo de mi hermano es mi hijo o mi hija»[16].

Simón del Karmel acaba de dormirse. Papá había dado un paseíto por el cuarto con el bebé en sus brazos, susurrándole al oído: «Olele, olele, moliba makasi»[17]. Seif Din está en África, secuestrado (el tercer libro de esta trilogía está dedicado a esa historia). Su expresión de júbilo al saber de la existencia de Simón es como si fuera su hijo; lo siente cercano y es inspiración y fuerza para el momento que vive.

Cada miembro de la familia es una pequeña fuente para la búsqueda de la verdad. La vitalidad del sentido de la existencia pasa por los vínculos familiares. Pensar en los hermanos, las situaciones que viven; frecuentar las tías, saber que gracias a ellas se ha alimentado nuestra bondad o humildad; jugar con los primos alimenta el alma, visitar los abuelos es regar el jardín de la sabiduría y la fe. Aunque algunas veces las experiencias con los miembros del clan también pueden ser un signo de fealdad. Y así, lo abyecto y lo sublime al alcance de todos.

Papá y Mamá le hablan a Simón de forma natural: «Ahora vamos a ir donde la pediatra. Es una señora que va a verte para saber cómo estás de peso y medidas; luego que te alimentes vamos a dormirnos de dos a tres horas. Amor mío, recuerda que acabas de comer».

---

16. Nelson Mandela, *El largo camino hacia la libertad: la autobiografía de Nelson Mandela,* (s. l.: ed. Aguilar, 2012), cap. 2, 12.

17. «Olele, la corriente está muy fuerte».

Es el momento de cambiarlo. Mientras Mamá lo cambia, Papá le habla y le inventa historias. Si los bebés entienden todo y en el vientre materno les son revelados muchos secretos, ellos deben saber del sufrimiento de sus seres amados; y al soñar, cuando sus rostros se iluminan dibujando una sonrisa, debe ser que están consolando y acariciando a los sufrientes de la familia; o quizá tengan alguna comunicación sublime con su ángel de la guarda.

Luego de un momento todos caen en brazos de lo eterno, y de la mano del bebé, Papá y Mamá contemplan un mundo que solo los padres pueden percibir.

XVII. La oración es directamente proporcional

Un canto místico es susurrado a nuestros oídos: *Pange lingua*. **Mientras, descubrimos los secretos del acto orante.**

Al salir de la habitación los ojos de Simón tenían una ligera inclinación con dirección al rostro de Papá, su mirada era como escuchar el canto místico *Pange lingua*, a solas, en mitad de la noche, contemplando la presencia de un ángel: «gloriósi, córporis mystérium, fructus ventris generósi, nobis natus»[18].

Los pasos de Papá eran lentos, como quien no quiere que pase el tiempo para seguir siendo testigo de la belleza del ángel. De repente, Papá empieza a desarrollar una conversación con Simón, ¡acompañado del ángel!

Son cinco metros de corredor en el segundo piso. El ventanal mira hacia un jardín. Y cada paso es una invitación a orar por alguien que pueda estar sufriendo en ese instante. Papá recordó la teoría general de la relatividad de Einstein y concluyó que el cruce de miradas con Simón y el pensar en alguien que sufre es directamente proporcional a un suceso misterioso acaeciendo a ese ser en ese mismo momento: *in suprémæ nocte cœnæ*[19].

Ahora los ojos de Simón parecen cantar a Papá: *tantum ergum sacraméntum*[20]… Atrás quedaron los gases y el sueño. Amén.

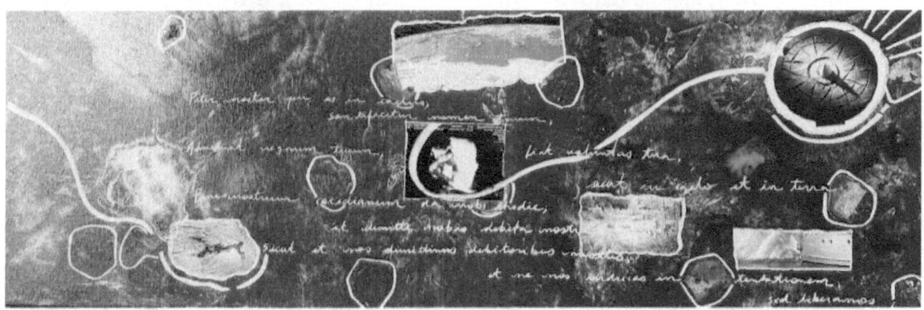

---

18. «El glorioso misterio del cuerpo, fruto de un vientre generoso, nos nació».

19. «En la noche de la última cena».

20. «Así, pues, tan grande sacramento».

XVIII. Contemplar las bodas de Caná es la tarjeta de invitación al matrimonio espiritual

Descubramos con los monjes de Taizé y su *Kyrie Eleison* el compromiso que se adquiere en el matrimonio.

En la última escena de la película *El gran dictador* de Charles Chaplin hay un discurso a favor de la libertad y la confraternidad, y se llega a expresar, citando el evangelio de San Lucas, que el reino de los cielos está dentro de nosotros, no en un grupo de hombres. Quizá esto provocó en Papá el siguiente sueño: una paloma voló hasta el jardín del primer hijo del Karmel, y de sus pequeñas patas dejó caer un sobre. El niño lo encontró y llevó a sus padres. Estos se miran e, intrigados por lo que pudiera contener, primero hacen una oración al Espíritu Santo; acto seguido, las suaves manos de Mamá abren la misiva. Parece que está escrito en arameo. En un viaje a Jerusalén, justo en la calle Hillel, cerca de la gran sinagoga de la ciudad santa, Papá había encontrado una librería con libros antiguos y allí compró un diccionario peculiar: «hebrew-arameo, english». Siempre pensó que algún día le serviría, porque todo lo que llega a las manos está destinado para un fin. Se dirigió a uno de los estantes con libros, lo tomó y empezó a hacer la traducción: «Simón del Karmel, Papá y Mamá estáis invitados a las bodas de Caná. Adjuntamos los pasajes. El padrino de la boda os hospedará en su propia casa. Shalom».

Como en un abrir y cerrar de ojos ya estaban en la localidad de Kafr Kanna (Caná), en el norte de Israel. Un comensal del padrino de la boda, llamado Juan, los estaba esperando. Como en todos los sueños, se hablaba fluidamente la lengua nativa; en este caso, Papá y Mamá se comunicaban en hebreo perfectamente, incluso el balbuceo de Simón era en aquel idioma. Al llegar a la boda salió al paso el mismo padrino, Yeshua de Nazareth, quien tomó en brazos a Simón del Karmel y le sonrió; luego saludó a los padres, quienes para ese momento ya habían perdido la noción de la realidad. Yeshua les presentó a una hermosa mujer llamada Myriam y al hombre que la acompañaba, Yosef. El niño tomó un pan de la mesa. La boda comenzó. Todo era, extrañamente, familiar a Papá y Mamá. Ellos tenían su mirada puesta en Yeshua. De repente, Myriam le susurra algo al oído; el nazareno se sorprende e incluso se turba un poco, pero obedece. Un minuto después hace un ademán a Papá para que le ayude con unos odres vacíos. Este, con obediencia suprema, vierte agua sobre los recipientes. Yeshua le pide un pedazo de pan a Simón, quien también obedece. Ahora el nazareno levantó sus ojos al cielo; todo era silencio sublime, nadie se atrevía a musitar palabra, incluso el primero del Karmel y otros niños participaron del *silenciatón*. Myriam había cerrado los ojos de una manera celestial. Al cabo de unos minutos la alegría colmó el interior de los presentes, todo era festejo; Yosef, Myriam y Yeshua se acercaron a Papá, Mamá y Simón, los abrazaron y les susurraron al oído: «El reino de los cielos está dentro de vosotros».

XIX. Contemplar la mirada de un hijo descubre la intimidad de los padres

Mira que te mira. **Aquella frase de Teresa de Jesús se ha vuelto canción y, al escucharla, vemos con los ojos del corazón.**

Es una mañana de domingo. Simón del Karmel cumple treinta y seis días, y el paso de los soles y las lunas empieza a abrir su ser como una flor que percibe nuestro tacto y se duerme o despierta. La mirada abierta y espontánea de Simón es transparencia de lo eterno.

El móvil de colores que vuela, diseñado por Mamá, se asombra con los ojos que se pasean por su navegar aéreo; también el librero, cuyo extremo inferior izquierdo vigila *El principito* desde el asteroide B-612, al centro *Este verde poema* del poeta Arturo y al extremo derecho *La biblia para niños*, ofrendada por su padrino Alejandro.

En la segunda escala, *Las pinturas de Willy* saludan las cartas enviadas por niños del mundo en *Querido papa Francisco*. Arriba, a la derecha, *Vamos a cazar un oso* acompañando a *La historia de la pintura*, de Wendy Beckett, que tiene como misión hacer que la cómoda estadía de los demás libros no sea perturbada.

En la parte superior izquierda se encuentra el violín que Papá pintó luego de un sueño premonitorio; también están el perro de peluche que su amigo Jhonk le regaló y un ícono ortodoxo de Jesús pintado por la artista sueca Annika Sontag, madre de la joven que presentó a Papá los Santos del Carmelo en Israel.

Todo y todos aman la vulnerabilidad que les da la mirada del bebé.

XX. El alma madura bajo el crisol de las pruebas interiores y exteriores

**Wiley Rinaldi, el amigo de Papá, compuso una
pieza musical magistral que con la misma sencillez
de Teresa del niño Jesús, acompaña este relato:
*Bondad a los animales.***

Mamá ha tenido una idea. Mientras alimenta a Simón quiere leerle en voz alta. La escogida para tomar la partida es Teresita de Lisieux y su *Historia de un alma*. Dice la santa: «Mi alma ha madurado bajo el crisol de las pruebas interiores y exteriores [...]. Me parece que si una florecilla pudiese hablar diría simplemente lo que Dios ha hecho por ella»[21].

Papá está a un lado escribiendo. Los tres están sentados en un sofá rojo, cubierto por un manto blanco que ilumina el espacio de la sala-oratorio. Aquí está la trinidad, compartiendo una mañana de sábado.

Tres florecillas que se marchitan en África no pierden la esperanza. Caídos en desgracia un día, llegados desde Grecia, Colombia e Indonesia, festejan este bello día el cumpleaños de Seif Din, en medio de la maravillosa desgracia que viven. Jamás se puede menospreciar una tragedia, siempre dará fruto en abundancia.

Papá canta tres veces al día una canción que aprendió de su amigo Wiley, mientras Simón del Karmel sonríe misteriosamente, y casi que imita el sonido de los animales.

Las criaturas del mundo, como tú y yo, todo ser viviente es creado por Dios. Por eso damos cariño a los animales como a la humanidad.

El perro cuida la casa (guau, guau, guau) y es amigo fiel, muy fiel.
Leche la dan las vacas (muuu, muuu, muuuu);
las abejas dan miel (bzzz, bzzz, bzzzz);
el burro lleva la carga (hia, hia, hia);
los gatos suaves son (miaauuu, miaauuu, miaauuuu);
los pájaros nos cantan (fiu, fiuu, fiuuu) una dulce canción.

---

21. Teresa de Lisieux, *Obras completas: Manuscrito A*, (s. l.: ed. Monte Carmelo, 2010), 86.

El bebé abre sus ojos como si quisiera decir «¡otra vez!». Entonces, Papá canta de nuevo. Mamá ofrece a continuación el alimento que sale de su interior mientras lee en voz baja. Simón ya se durmió. Las florecillas se saben amadas y reviven.

XXI. Acogidos por lo eterno, contemplativos del mundo

Hala Lala Layya, **canción de cuna palestina**

«El que acoge a un niño como este en mi nombre, a mí me acoge»[22]. Jesús se identifica con el niño que acaba de tomar en sus brazos, como lo hiciese con Simón en el sueño de Papá. Afirma que es «un niño como este» el que mejor lo representa, de tal modo que acoger a un niño es lo mismo que acogerle a él, a Cristo.

Simón del Karmel es acogido por otros niños que se sorprenden al saber que hace poco también estuvieron en brazos de sus mamás; es su primer momento en un lugar diferente a su casa. Allí está acogido y sobrecogido al saber que hay otros como él, e incluso se da cuenta de que va a crecer.

Mamá carga al niño en un círculo que metaforiza la séptima morada del *Castillo Interior*. Teresa de Jesús crea una forma de viajar al interior: plantea que hay un mundo allá adentro, son como habitaciones que pueden llevar a la persona a la hondura inimaginada, y en el centro está la habitación del rey del castillo. Descubre la forma de saber qué es del mundo y qué es eterno. Es como si los niños comprendiesen las palabras de Jesús: «Dejad que los niños vengan a mí, porque de tales es el reino de los cielos»[23].

Simón y los otros niños están en el centro de desarrollo infantil, un lugar que acoge niños, mientras escuchan «¡Que llueva, que llueva! Los pajaritos cantan. La Luna se levanta...».

Las infancias de todos son acogidas como quien ha tomado en sus manos una mariposa para contemplar sus colores. Simón del Karmel ha tenido su presentación en la sociedad de los niños; y su madre, con una sonrisa que llega al cielo, lo ha sostenido en sus manos, apoyándolo sobre sus rodillas.

---

22. *La biblia: libro del pueblo de Dios,* Lucas 9:48, trad. Armando Jorge Levoratti y Alfredo B. Trusso, (s. l.: ed. Verbo divino, 2016), 1825.

23.. *Biblia de Navarra,* Mateo 19:14, (s. l.: ed. EUNSA, 2008), 1378.

XXII. Quien busca la verdad, aunque no lo sepa, busca a Dios

El *Salve Regina* puede ser una pista para ir tras los pasos de
la mística alemana Edith Stein.

Sus padres se distraen sonriendo a la cámara del móvil, al igual que el sacerdote y la abuela. Él está contemplando lo verdaderamente importante: el cielo. Una cruz huérfana atrás de los adultos. Su gesto es extrañamente parecido al que aparece en la pintura *Baby in red chair*, que Papá encontró en un libro sobre arte y contemplación de la hermana Wendy Beckett.

La abuela Luz acaba de llegar de Colombia para conocer a Simón, y trajo consigo muñecos de trapo y de colores. Vino con una gran sonrisa y maletas llenas de amor. Ahora el cuarto de Simón luce matices cálidos, y una fauna exótica acompaña sus primeros tratos de amistad.

Papá grabó una de las reflexiones diarias que hace del evangelio. En este día hizo un homenaje a Edith Stein, e intuitivamente dijo que Simón quería saludar a la audiencia. En ese momento, el bebé misteriosamente empezó a hablar, ¡en lenguas! Literalmente, el bebé se esforzaba por balbucear, en su lenguaje, un saludo. Seguramente dijo que había entrado en un éxtasis al ver la cruz, justo al lado de la virgen de Schoenstatt, y que, además, tanto el Cristo como la madona hablaban su mismo lenguaje, el cual los adultos no entienden porque prefieren estar más atentos a una pantalla y su luz.

XXIII. Comprender la maravilla del dolor convierte al bebé en valiente

Nuevamente Bach, con su *Brandenburgo n.º 3*, acompaña con sutileza celestial este relato envuelto en dramatismo.

Su pequeño cuerpo se retuerce. Su rostro se infla de escarlata, y sus brazos se estiran en señal de pedir auxilio porque algo no comprende de su funcionamiento interior. Papá lo toma en sus brazos y hace un pequeño «vals» al ritmo del *Brandenburgués n.º 3*. «Eres un ser extraordinario, Simón», le dice Papá. La paciencia todo lo alcanza. Al momento, un sonido intestinal semeja una plataforma de lanzamiento al espacio. Finalmente, una explosión cambia sus facciones, y ahora sus ojos redondos participan de una sonrisa de satisfacción. Mamá siente el descanso y Papá conversa con Simón del Karmel acerca del gran esfuerzo y del magnífico trabajo que realizó.

Ayer le pusieron las vacunas de los dos meses. Estaba dormido, y el centro médico un poco frío. De repente despertó, y Papá y Mamá cantaron para él «nada te turbe, nada te espante. Quien a Dios tiene nada le falta»[24]. Acto seguido pasaron a una sala pequeña. La enfermera pidió que lo acostaran sobre una camilla para niños.

Papá le quiere explicar todo y le advierte acerca de los beneficios que implica sentir el dolor, aunque el método fuera invasivo con su cuerpo. En el fondo, Papá quería buscar otra forma de vacunarlo más natural, pero la pediatra los convenció de la obligatoriedad de hacer el procedimiento.

Primero la pierna izquierda. «Estas son cinco vacunas en una sola. No duele tanto como la que aplicaremos en la pierna derecha», dijo la enfermera. En efecto, el punzón de la izquierda no produjo mayores signos de tortura. Ocurrió lo contrario en la derecha, donde el pinchazo dejó salir un llanto seco y prolongado, de reclamo ante la explicación que Papá no había dado, o que por temor había querido evitar.

---

24. Jacques Berthier, *Nada te turbe*, Les Presses de Taizé, GIA Publications Inc. Agent, 557664465511122, 1986, 1991.

Ya no quedaba rastro del semblante juguetón de unas horas atrás. Ese fue el primer contacto de Simón del Karmel con el dolor que alguien puede producir; porque el dolor de esta madrugada vino de adentro y fue compensado por el placer que le produce la leche materna.

XXXIV. El vaciamiento interior es el camino que lleva al matrimonio espiritual

Podemos vivir este relato con la canción de cuna de las focas, *The seal lullaby*, quienes afrontan un verdadero desasimiento por saber que nunca volarán.

Hace unas semanas que Simón del Karmel duerme de 8:00 *p. m.* a 1, 2 o 3 *a. m.* Esta tarde-noche Mamá estaba exhausta y Papá fue al espacio destinado para Simón, de donde sacó unos muñecos y un gimnasio del que cuelgan varios animalitos. Este último lo dejó la abuelita Nelly cuando lo vino a visitar hace unas semanas. Papá había visto a la abuelita jugando con mucha gracia, y al estar a solas con el bebé puso en práctica lo aprendido, pero añadió un ingrediente: la lectura en voz alta.

En la despensa de libros se detuvo ante dos títulos: *Cuentos de la Alhambra*, como un homenaje a Granada, que había visitado con Mamá, y *El libro de la selva*, de Kipling. La primera parte de este último fue leída cuando Simón todavía vivía en el vientre de Mamá. Ahora, setenta y siete días después del nacimiento, era el turno de la segunda parte del asombroso relato de Kipling.

> *Duérmete, mi niño, duerme,*
> *que la noche va a llegar.*
> *Las aguas se han vuelto negras,*
> *pues el sol se ha puesto ya,*
> *y la Luna quiere vernos*
> *entre las olas del mar.*
> *Una almohada tan blanda*
> *como la espuma tendrás,*
> *donde las olas se encuentran*
> *y se abrazan sin cesar.*
> *Tus cansadas aletitas*
> *allí podrás descansar,*
> *sin miedo a los tiburones*
> *ni a la feroz tempestad,*
> *y dormirás arrullado*
> *en los brazos de la mar*[25].

---

25. R. Kipling, *El libro de la selva*, (s. l.: ed. Sexto piso, 2003), 119.

Mientras Simón «simulaba» jugar con su gimnasio, Papá leía en voz alta que una foca nació blanca. Todo ocurrió hace ya varios años en un lugar llamado Novastoshnah, en la Isla de San Pablo, allá por el mar de Bering. Papá paraba de leer en algunos intervalos, y las manos que hacía unos segundos empujaban los muñequitos ya no producían sonidos. Se creaba entonces un ambiente de silencio cómplice. A continuación, Simón del Karmel parecía hablar, reclamando que la historia siguiera.

Una vez terminada la lectura Papá tomó en brazos a su hijo, lo sentó en sus piernas, y quedó con su cabeza entre las manos. Mamá dormía a solas luego de muchos días. Papá empezó a comentar la historia leída y le habló de los viajes de la foca blanca, que tenía que buscar un lugar para llevar a sus hermanas y así estar a salvo de la especie humana.

El encuentro de sus miradas fue como el que tiene lugar entre la lluvia y el río, narrado por Teresa de Jesús en la «séptima morada» del *Castillo Interior*:

> *Acá es como si cayendo agua del cielo en un río o fuente, adonde queda hecho todo agua, que no podrán ya dividir ni apartar cuál es el agua del río o lo que cayó del cielo; o como si un arroyico pequeño entra en el mar, no habrá remedio de apartarse*[26].

De repente Simón miró a su papá como auscultando un secreto o un camino para descubrirlo.

«You have to train. Empty your mind. Be like water, my friend», dice en algún lugar Bruce Lee, coincidiendo con el vaciamiento interior de los místicos. Fue este el fragmento que brotó del alma de Papá; era su secreto, y lo sembró en el corazón del bebé mientras cantaba: «Bless the Lord, my soul, and bless God's holy name. Bless the Lord, my soul, who leads me into life».

Ya en ese momento Papá estaba caminando con Simón recostado en su pecho, con la cabeza en sus hombros, mientras el silencio y la noche se apoderaban de ellos. La foca blanca dormía.

---

26. Santa Teresa de Jesús, *Obras Completas: Castillo Interior*, 963.

XXV. La música es lo que nos hace sentir al escucharla, como el llanto o la sonrisa de un bebé

Con el vals *El Danubio Azul* podemos danzar para encontrar la tensión vital entre padre e hijo.

Temprano, muy temprano, entra en escena Simón del Karmel en el centro de la cama matrimonial. Allí invita a sus progenitores a sumergirse entre balbuceos, gorjeos y sonrisas que son como las voces de primavera de Johann Strauss hijo. La música no está compuesta de imágenes ni palabras, sino simplemente de notas que se unen en el plan magistral de un compositor, y que son interpretadas por hombres y mujeres que generalmente aman los instrumentos usados para tal misión.

Cada gesto de Simón es interpretado por Papá y acompaña este instante de valses, a los que responde jubiloso, y como si fuera una nota de un impresionista nos muestra la belleza de una flor en primavera.

Pero hay situaciones en las que Simón compone e interpreta sus propias vivencias. Unos días atrás cuatro adultos miraban a la cámara e intentaban regalar una sonrisa para luego ser vistos por otros. Simón del Karmel, al contrario, tenía negocios más importantes que mirar una cámara y decidió dirigir su cuerpo a un amor mayor: la cruz. Allí estaba con todo su ser lanzado y entregado a los pies del Maestro, como si tratara de comprender las palabras que Jesús dijo a Nicodemo:

De la misma manera que Moisés levantó en alto la serpiente en el desierto, también es necesario que el Hijo del Hombre sea levantado en alto, para que todos los que creen en él tengan vida eterna[27].

Mientras Papá juega a interpretar las sonrisas de Simón y le habla de la tradición latinoamericana de festejar los quince años y los matrimonios con el vals *El Danubio Azul*, Mamá se toma un merecido descanso, luego de una noche atípica con tres estaciones: 12, 2 y 5 *a. m.* Parece que este tren cambia su itinerario sin previo aviso, y sorprende a sus pasajeros, quienes, sin embargo, continúan el viaje con mucha alegría, contemplando e interpretando la voz del que aún no habla.

---

27. *La biblia: libro del pueblo de Dios*, Juan 3:14, 1874.

XXVI. Las olimpiadas empiezan en el suelo y terminan en el cielo

**El compositor griego Vangelis inspira al competidor
para llegar a la meta: *Carriots of Fire*.**

Dos días antes de cumplir tres meses, Simón del Karmel ha dado la primera lección oficial a Papá. Mamá había escrito en la mañana con mucha alegría a Papá, vía WhatsApp: «Simón ya dio la vuelta». El mensaje iba acompañado con una serie de fotos que daban cuenta de la hazaña del primer hijo del Karmel. Una alegría infinita emanó del corazón de Papá, pero esta era poco comparada con lo que enfrentaría un par de horas más tarde.

Al llegar a la casa, el responsable de la osadía olímpica parecía esperarlo, porque al verlo sonrió, con una iluminación del rostro que presagiaba un triunfo. Como de costumbre, Simón del Karmel fue subido al comedor en una silla que heredó de su primo Juan José. Desde allí contempló a sus padres hacer un canto de agradecimiento por los alimentos y pedir por que aquellos que no los tienen puedan tenerlos prontamente, en el nombre de nuestro señor Jesucristo. Amén.

Al pasar al cuarto de Simón, Mamá le pidió que mostrara a Papá lo que hizo en la mañana. El terreno de juego estaba despejado, excepto por Simón, que vestía su traje rojo con líneas horizontales negras. Este competidor lucía optimista y dispuesto a más de lo que él mismo y Papá esperaban.

Papá cometió un error necio. Mientras el bebé estaba en acción, sus ojos revisaban un mensaje en el celular. Afortunadamente, Papá reaccionó a tiempo y presenció el segundo movimiento de la maniobra, cuando todavía Simón se encontraba en su primer intento. Su cuerpo se había balanceado de derecha a izquierda, desde la posición bocarriba, levantando el brazo y cruzándolo hasta el otro extremo, de tal manera que estaba girando hasta quedar casi bocabajo. Pero la mano izquierda había quedado atorada en el vientre, por lo que no podía darse la vuelta completamente. Papá le ayudó a sacar el brazo y Simón quedó volteado. Pero, curiosamente, un quejido y un llanto, como pidiendo otra oportunidad para hacerlo por él mismo, sin ayuda, salieron de Simón.

Papá lanzó el celular lejos de su presencia y volvió a dejar a Simón en la posición inicial. Desde ese momento hasta la proeza que se narrará a continuación pasaron cuatro minutos. La mano derecha pasó por encima del cuerpo y fue al otro extremo. Este movimiento Simón ya lo manejaba a la perfección, pero esta vez no pudo siquiera quedar con la mano atorada por debajo del cuerpo. Se balanceó, entonces, por tres minutos en un movimiento inusual, hasta que se escuchó como un grito de lucha. Entonces, Simón se lanzó con más fuerza. El balanceo dio resultado, y volvió a quedar con la mano atorada, pero con medio cuerpo volteado. Papá interpretó que Simón no quería ayuda. Y, aunque comenzó a llorar y Mamá se aproximó para sacarle el brazo, pero Papá le hizo un gesto y ella retrocedió.

El llanto del bebé era real, pero no se detuvo en su intento. Al contrario, con un grito de dolor cada vez más agudo logró sacar el brazo atorado y dar la vuelta como un atleta que acababa de ganar una medalla de oro en una olimpiada. Entonces, se quedó bocabajo y exclamó un grito de triunfo, pero sin olvidar el dolor que le produjo conseguir su primera hazaña.

Desde ese instante Simón no paró de hacer lo mismo, con éxito en todos sus intentos. Cada vez que Papá lo devolvía a la posición inicial, él se volvía a balancear y repetía el mismo esfuerzo. Papá y Mamá se miraron, compartiendo un sentimiento indescriptible que solo los nuevos padres pueden comprender.

XXVII. La paternidad es un regalo con muchos secretos por descubrir

Simón del Karmel ha cumplido tres meses. Desde la madrugada, al trascender la noche oscura, Papá sintió el amor de Dios muy cercano acariciando su alma, como la mariposa cuando está dejando de ser un extraño gusano, y comprendió que tan solo es el padre de una de las criaturas de Dios.

Han pasado miles de millones de años en la Vía Láctea, y ¿por qué siguen existiendo tantos misterios sin resolver? Quizá estos también se encuentran en las relaciones entre un padre y su hijo. ¿Alguien recuerda el nombre de sus dieciséis tatarabuelos? ¿Cuánto amor se ha derramado de forma invisible para que Papá empezase a comprender el sentido de la paternidad?

Anoche un sacerdote libanés visitó la casa de Papá. Dijo que un padre espiritual es el que sufre con su hijo espiritual, llora con él, camina con él. Papá descubrió que la paternidad y la maternidad humanas son una manifestación del amor del padre eterno con sus hijos.

Simón del Karmel, al igual que Papá, lleva unas cargaderas que están sostenidas sobre una camisa de manga larga, a la cual se le dobla un poco el puño y se mete dentro del pantalón blanco de rayas negras. El rostro de Simón experimenta un cambio, su sonrisa es cómplice con la cercanía de Papá.

Ha pasado muy poco desde que Simón escuchó por primera vez en su vida aquel concierto de Tchaikovsky. El conocimiento que tiene de lo que le rodea es solo comparable a contar estrellas en una noche de luna llena. Mayor aún; en él está naciendo el deseo de quedarse contemplando detenidamente cada cosa a su alrededor. El misterio de la trinidad se hace más simple: Papá, Mamá y Simón del Karmel.

XXVIII. El libro es un cómplice silencioso entre el amor de papá e hijo

El *Cuaderno para Anna Magdalena* de Johann Sebastian Bach es el pretexto perfecto para iniciar a los hijos en la música que se hace para la gloria de Dios.

Mamá y Simón duermen. Papá acaba de hacer el rosario al Espíritu Santo, y todo el tiempo durante la contemplación de Los Siete Misterios apareció la mirada de Simón del Karmel; su fragancia y perfume permean las oraciones del padre.

Cada vez que llevan a Simón donde la pediatra le dicen que van a ir donde la doctora Jirafales. Papá le dice así porque en su consultorio hay jirafas por todos lados y de todos los tamaños. Y el primer hijo del Karmel entra sonriente y balbuceando al consultorio de la doctora como si le estuviera contando algo acerca de sí mismo, mientras colabora solidariamente con los procedimientos que allí se requieren. Toda la consulta Papá va relatando a Simón lo que acontece.

Al regreso fueron a hablar con un párroco para obtener el permiso de hacer el bautismo en el convento de las Carmelitas Descalzas, con el padre carmelita Maximiliano Herráiz, que venía de España. El párroco dijo que no era posible porque el convento no era una parroquia, pero Papá recordó lo que dice el evangelista Lucas: «Todo es posible». Y como dice Wislawa Szymborska al final del poema titulado *Una niñita tira del mantel*: «Tiene que hacerse y se hará».

Luego, recordaron que la pediatra había dicho que era mejor que siguieran durmiendo con Simón en el cuarto, y que solo al sexto mes lo pasaran a su propia habitación. Y como ya casi Simón no cabe en su moisés, decidieron transitoriamente comprarle un colchón. Papá fue a mirar el colchón en un lugar para bebés. Vio el colchón y le dijo a la vendedora que le diría a Mamá que fuera a verlo y que ella decidiría.

Papá se quedó con Simón, quien empezó a hacer amagos de llanto. Entonces lo puso en sus piernas, lo abrigó con sus brazos y con las manos empezó a moverle los pies a un lado y a otro, y a cantar algo que se había inventado: «Left, right, à gauche, à droit, izquierda, derecha». Intempestivamente, Simón del Karmel emitió una sonrisa diferente. Por primera vez, Papá contemplaba la risa espontánea y cómplice que respondía a la necesidad del momento de estar entretenidos. Y así, siguió cantándole, y él sonriendo.

Papá piensa que la mejor estimulación para un bebé es el amor que los padres se profesan; luego el juego espontáneo y creativo, y por último escuchar el clavicémbalo, acompañado de otros instrumentos, en composiciones de Bach y Vivaldi.

Papá quiso compartirle un libro divertido que no tiene letras, pero que, con ¡excelentes ilustraciones!, cuenta la historia, y se entiende con claridad. Seguramente a Simón no le interesaba tanto la historia como compartir con Papá ese momento en el que pudo disfrutar de su mirada, y reír mientras veía cómo trataba de mostrarle las imágenes del libro, en las cuales un personaje llamado Chigüiro vive una aventura sobre ruedas. Simón ya amaba este libro, así como al personaje, por servir de instrumento para hacer crecer el amor que tienen el uno por el otro.

XXIX. Para este fin de amor fuimos creados

Is this love, de Bob Marley

Papá y Mamá hoy cumplieron un año de casados. Simón del Karmel los ha acompañado durante casi todo el tiempo. Llegó a los seis días de matrimonio. Desde ese instante ha sido cómplice en todo: rosarios, misas, discusiones, juegos, lecturas, silencios, bailes —¡hace poco Papá les hizo un *performance* de la mano de Bob Marley!—. También han compartido llantos, risas, cumpleaños, visitas familiares y el arte.

Esta noche, Papá escucha al chelista Hauser, interpretando *Playing love*. Todos los días ensaya con el chelo unos minutos. Simón lo acompaña y su mirada es de contemplación; con ella indica un viaje hacia el mundo de los sonidos y el sentimiento que producen al escucharlos.

Poco a poco parece que Simón asimila que cuando la mano izquierda desciende hacia las cuerdas, la escala musical lo va a sorprender; y no pierde detalle ni de las manos de Papá ni del arco que frota los hilos metálicos para producir un sonido próximo a la voz humana que está descubriendo.

Papá siente que el agua de las bodas de Caná se derrama sobre su ser y lo embriaga al encontrarse con la mirada honda del bebé, posada sobre el instrumento.

Los viernes en la tarde son dedicados a la creación artística. Mamá y Papá pintan con sus manos sobre el lienzo; o Mamá toca la flauta y Simón del Karmel asiste al concierto en primera fila, presto a escudriñar los detalles. Como le sucede cuando contempla el chelo, sus ojos se detienen en el lienzo, balbucea y quiere participar, sonríe y espera el fruto que quizá tardará unos cuantos viernes más en llegar.

Hace unos días Papá estaba ensayando y puso a Simón enfrente suyo como espectador privilegiado. La mirada del primer hijo del Karmel estaba fija en el chelo y las manos de su padre. Pasaron veinte minutos y Papá hizo una locura: dejó de ensayar, subió la silla del bebé a la cama y le acercó, de forma sutil y delicada, al Alemán, que es el nombre del chelo. Acto seguido, Simón, como en el baile, siguió las ocurrencias de Papá y lanzó sus manos, tiernamente, sobre las cuerdas, sin dejar dedo sin cuerda, porque para este fin de amor fuimos creados.

XXX. «Dios no habla con nosotros acerca de la religión a la que pertenecemos, sino de la calidad de amor que profesamos cada día a nuestros prójimos»[28]

El *Himno de los Querubines*, de Tchaikovsky, es cómplice de un místico en un bautismo.

Durante la homilía del bautismo de Simón del Karmel, el oficiante español de apellido Herráiz dijo que Dios no habla con nosotros acerca de la religión a la que pertenecemos, sino de la calidad del amor que profesamos cada día con nuestros prójimos.

Era el 4 de octubre, día de San Francisco de Asís. El presagio de Papá acerca de que el bautizo se realizaría en el convento de las Carmelitas Descalzas de San José fue corroborado por la presencia del padre Herráiz y el sacerdote Maronita Charbel; un encuentro de oriente y occidente.

Este fue el primer día del año en que llovió desde la madrugada hasta el anochecer. La celebración fue a las 12 *m*. El coro de las quince hermanas llevó a los asistentes a las puertas del cielo. Sus voces se confundieron con el abrazo del Espíritu Santo. Aquellos que no son creyentes, también por simple deleite estético, hubieran sido transportados a otros mundos; e incluso a los confines del dios de Espinoza.

—Pasen al frente los padres y padrinos —dijo Maximiliano.

Papá y Mamá llevaban en sus brazos al angelito que vestía de blanco.

—¿Cuál es el nombre del niño?

—Simón del Karmel —dijeron al unísono.

Toda la iglesia escuchó con claridad. Aunque, después, la palabra «Carmen» se confundía con el jardín del cielo, «Karmel».

Allí estaban los padrinos, Papá y Mamá, los sacerdotes venidos de Europa y Medio Oriente, las hermanas dentro de la clausura y, en la iglesia, familiares y amigos. La lluvia en el exterior parecía que se derramaba dentro de cada uno como gotas de la esencia del Espíritu Santo.

Simón amaga con llorar, pero el padre estaba pronunciando las palabras del rito, conjugadas bellamente con una frase del fraile español que se incrustó en los corazones: «La verdad nos hace libres para amar». Santo

---

28. Fragmento homilía del padre Maximiliano Herráiz en el bautizo de Simón del Karmel, 4 de octubre de 2018. Convento de las hermanas Carmelitas Descalzas de Costa Rica.

remedio. De forma imperceptible, Simón del Karmel cerraba sus ojos. Una niña llamada Cristina miraba el fuego que salía del cirio, y el nuevo seguidor de Cristo dormía en brazos de Mamá como cuando Jesús fue presentado en el templo. Todo quedó consumado.

Un escenario surrealista: el bendecido Simón del Karmel, Francisco de Asís, Juan de la Cruz, Teresa de Jesús, Papá, Mamá, quince Carmelitas Descalzas, decenas de asistentes —entre ellos los niños: Lucas, Carmela, Antonio, Cristina, Layla y Juan José (primos de Simón)—. A la distancia, desde África, se encontraba Seif Din y, en Suecia, la mensajera nórdica, que se unía simbólicamente como madrina espiritual.

Tercera parte

Que llueva, que llueva!
Los pajaritos cantan.
La Luna se levanta

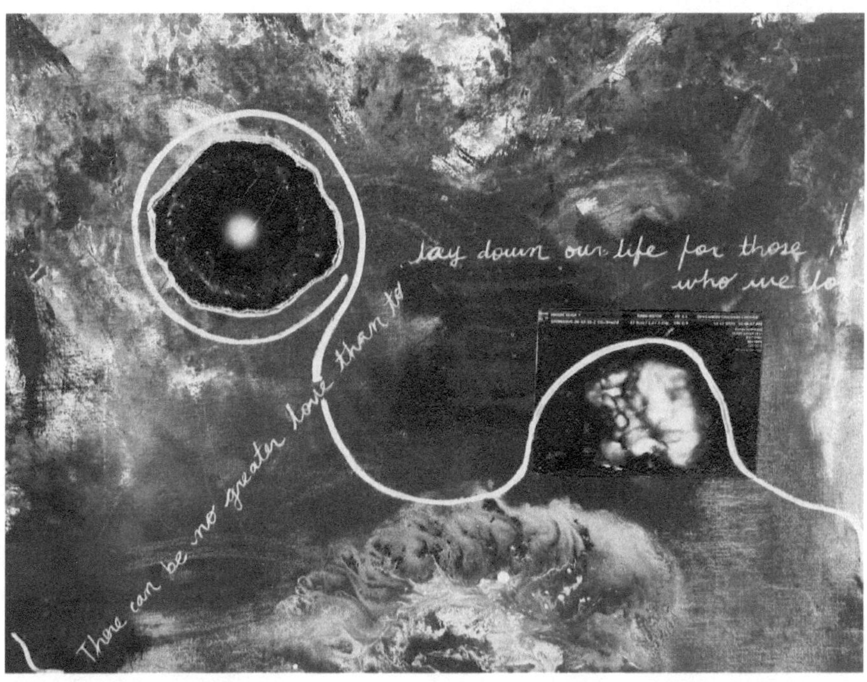

XXXI. *Pajarita de papel* y la nana africana *Nkwihoreze*

Papá ama la tecnología más desarrollada que ha existido: el libro. En sus
charlas habla acerca de las consecuencias de exponer a los bebés a las nue-
vas tecnologías, así como de las bondades que tienen la música y la lectura.

85

«Las drogas como la cocaína y las anfetaminas aumentan los niveles de dopamina en el cerebro», explica Papá. Una persona que consume drogas hace que la experiencia sea placentera y lo estimula a volver a tomar la droga. La intensa sensación de placer producida por los altos niveles de dopamina en el cerebro de estas personas crea memoria a largo plazo que relaciona la droga con satisfacción. Estos recuerdos producen un deseo de tomar una droga, que persiste por años. ¿Y si tener un móvil en las manos todo el día se está convirtiendo en una droga, al igual que la exposición a las pantallas de los niños?

Hace unos días, Papá le había mostrado a Simón imágenes de un personaje llamado Chigüiro, y aunque no aparecían letras le narró la historia. En un breve espacio de tiempo Simón usaba la tecnología; tenía en sus manos esa sorprendente creación: ¡un libro!

Antes de nacer, una entrañable amiga de Papá le había enviado a Simón un ejemplar del libro *Pajarita de papel*, que había estado en el librero esperando pacientemente su turno. Hoy fue el día. Papá quiso dormir de largo y dejar a Mamá solita con los cuidados del bebé. Hacia las 5:00 *a. m.* Papá se despertó con los balbuceos de Simón. Mamá estaba cansada y ya no tenía fuerzas para darle un paseíto. Así que Papá, descansado, se levantó con Simón; y no solo lo llevó por el jardín, sino que empezó a jugar con él. Rieron, cantaron y, cuando estaba sobre el gimnasio que le regaló la abuelita Nelly, Papá tomó el libro y empezó a leérselo página por página. Fue grande su asombro al ver los ojos de Simón, fijos sobre el cartón a medida que narraba la historia de *Pajarita de papel,* que «pone en la mesa un mantel». Esta creación de Antonio Rubio y Óscar Villán provocó una cierta fascinación en Simón, quien aún no conoce los celulares y videojuegos. Parece que no solo escuchar música funciona para que Simón esté atento y concentrado:

Pajarita de papel,
sobre el mantel una jarra.[29]

Parecía como si escucharan una poesía de Antonio Machado:

---

29. Antonio Rubio y Óscar Villán. *Pajarita de Papel,* (s. l.: ed. Kalandraka, 2012), 5.

Soñé que tú me llevabas
por una blanca vereda[30],

Y continuaba leyendo:

Pajarita de papel,
con agua para beber.

Quizá Papá recordó los *Cuentos para jugar*, de Gianni Rodari, y se sintió tentado a cambiar el final.

Pajarita de papel,
sobre el mantel un frutero.

A dos metros del lugar en el que Papá está escribiendo se encuentra Simón sobre la cama. Ha puesto su mirada sobre Papá como si fuera a entrar en la fábrica de chocolates de Willy Wonka:

Pajarita de papel,
con fruta para comer.

«Pippilotta Delicatessa Windowshade Mackrelmint nació, con nueve años, en 1945 [...] En los confines de una pequeña ciudad sueca había un viejo jardín abandonado. [...] y allí vivía Pippi Calzaslargas»[31], uno de los personajes mejor construido de la literatura infantil:

Pajarita de papel,
ahora invita a pajarito.

---

30. Antonio Machado, *Soñé que tú me llevabas*. En: https://www.poesi.as/amach122.htm

31. Astrid Lindgren, *Pippi Calzaslargas*, (s. l.: ed. Kókinos, 2020), 47.

Y es inminente la similitud con el sapo de Max Velthuijs:

> *—A veces tengo calor y a veces tengo frío —dijo Sapo—. Y hay algo que hace tunk, tunk dentro de mí, aquí.*
> *Y se puso la mano sobre el pecho:*[32]
>
>> *Pajarita de papel,*
>> *y se sienta junto a él.*

Luego escucharon una nana africana llamada *Nikwihoreze* de la colección *Les plus belles berceuses du monde*, que también provocó un cierto tono contemplativo en Simón del Karmel.

---

32. Max Velthuis, *Sapo enamorado*, (s. l.: ed. Ekaré, 2017), 8.

XXXII. Sangre del dedo meñique

***Don't worry, be happy*, de Bobby Mcferrin**

¡¡¡La página 24 hirió a Simón del Karmel!!!

Papá y Mamá leen cada día en las comidas un apartado del libro *El lenguaje de las plantas y las flores en la Biblia*:

> *Según la Biblia, mi presencia contribuye a hacer del país de Canaán una tierra de ensueño; el aceite que produzco honra a dioses y hombres, y consagra a sacerdotes, reyes y profetas. El mismo aceite aplaca el dolor de las heridas, devuelve el vigor a los miembros, lubrica las fricciones, perfuma los cuerpos...*[33]

El olivo estuvo presente en la mesa. Pero este no fue el libro que hirió a Simón. Papá tenía el vacío que puede tener el primer hombre que cae en un agujero negro. Las gotas de sangre, las primeras que emanaban de su infante ser, empezaron a hacerse notorias en las páginas de *El libro que canta*: «Duérmete, mi niño, que tengo que hacer: lavar los pañales, hacer de comer. Matar la gallina y echarla a cocer, llamar a tu taita que venga a comer...»[34].

Papá estaba extasiado leyendo este regalo del tío Serafín. Se decía a sí mismo que Mamá amaría la belleza poética que navegaba por este océano de palabras envueltas en perfumes exquisitos; hasta Simón trataba de coger el libro con sus manos, apretaba las páginas y de repente la lectura paró: Papá notó que había sangre en la alfombra. Pensó que era él mismo, que se había herido, pero no había un objeto que hubiera podido hacerlo. Además, estaba leyendo. Miró a su alrededor buscando algún insecto herido, incluso se atrevió a mirar los muñecos para saber si alguno de ellos se había lacerado en los contactos con Simón. Se rehusaba a pensar que era sangre de Simón, no lo concebía. Pero no había duda, la página 24 de *El libro que canta* fue el objeto filoso que propinó una certera «cuchillada» al

---

33. Pier Giordano Cabra, *El lenguaje de las plantas y las flores en la biblia*, (s. l.: ed. Sal Terrae, 2017), 21.

34. Yolanda Reyes, *El libro que canta*, (s. l.: ed. Alfaguara, 2015), 24.

amado Simón del Karmel. La víctima fue su dedito meñique de la mano derecha. La angelical sangre dejaba el rastro sobre el título «Nanas de ultramar», como presagio de que un llanto interno casi ahogaba el aliento de Papá. Ahora la herida se había vuelto explícita. Las gotas caían en la alfombra, el libro y el tendido de la cama. Papá buscaba algo para sanar. Se dio cuenta de que en la casa no existía algo para este tipo de emergencias infantiles. Miró hacia el cambiador de pañales y vio un pañito húmedo; corrió hacia él, lo sacó y lo llevó *ipso facto* al dedo del menor. Simón quería seguir leyendo y parecía abrazar al victimario, Papá hacía ingentes esfuerzos por tomar el tierno dedo y limpiar su nuevo aspecto. Lo logró, pero al cabo de unos segundos brotó más el bello y puro líquido rojizo. Papá recordó que en el baño había un medicamento homeopático para el sueño. «Podría servir como limpiador», pensó. Estaba sin estrenar. Acto seguido, cargó en sus rodillas al bebé, que no entendía por qué habían dejado de jugar y menos por qué habían interrumpido la lectura: «Duérmete, niño chiquito, que la noche viene, ya cierra pronto tus ojitos, que el viento te arrullará».

Papá rememoró el tiempo en el que era niño y destapaba las tapas de las botellas con la boca, y así lo hizo con el medicamento que, en teoría (de Papá), se convertiría en ¡producto antiséptico! Estaba en espray y roció el dedo del niño tantas veces que al mirar la botella estaba casi vacía. Ahora la sangre no era tanta, pero seguía saliendo un hilito. Volvió al cuarto de juego de Simón, vio sobre la mesa un copito de algodón y con eso se ayudó para limpiarlo; ¡por fin había parado la «hemorragia» del meñique! Simón seguía sonriendo porque para su ser lo único que había pasado era que Papá no quería seguir leyéndole. De repente, fue tras la música que salía del iPhone; Papá lo escondió debajo de una manta y hasta allá llegó Simón. Entonces, Papá sacó el chelo para tocarlo mientras miraba de reojo la falange derecha de Simón, y se percató de que estaba bien.

Empezó a tocar y ahora volvían al escenario los famosos Pingüino-Re, León-La, Oso-Sol y Jirafa-Do. Simón abrió sus ojos y no apartaba la mirada de las cuerdas y sus personajes favoritos. Los ojos de Simón seguían el arco, y ahora se aproximó, con su gateo, al instrumento, pero como en la mente de Papá seguía el dedo frágil, rápidamente guardó el chelo y los personajes. Ahora quiso bailar y puso *Don't worry, be happy*, de Bobby Mcferrin, y empezó a realizar una coreografía que produjo en Simón una risa cautivadora…

Mamá estaba en una reunión y no sabía de las aventuras de sus amados. Simón, al cabo de unos minutos, y por primera vez, caía dormido en brazos de Papá mientras escuchaba la canción de la página 24: «Duérmete, niño chiquito…».

XXXIII. Conocer las tradiciones de otras culturas alimenta el alma de los bebés

Ey Yar, de la agrupación iraní Rastak, nos acompaña en este viaje.

—Calila y Dimna dos chacales son, con muchas aventuras nos deleitarán y en medio de la selva nos las contarán. —Así empezaba Papá una canción que creó para los niños hace una década. En ese tiempo, en la biblioteca infantil donde trabajaba, adaptó una parte del *Panchatantra*, conocida como *Calila y Dimna*, para la familia que solía ir a este maravilloso lugar a escuchar historias.

Hoy es domingo, y la noche anterior fue extraña. Simón del Karmel se despertó cada dos horas con un quejido desconocido, que sus padres atribuyeron a los dos dientecitos que venían saliendo. Sin embargo, Papá intuía que era un lamento por los niños que van en una caravana rumbo a Estados Unidos. La caravana lleva gente de Honduras, El Salvador y Guatemala. Era algo deshumanizante, lleno de signos apocalípticos: la diáspora de centroamericanos que caminan desde sus patrias con rumbo norte, con el anhelo de cumplir un «sueño». Papá entendió que era un buen momento para solidarizarse de la única manera que podía hacerlo a esas horas de la madrugada: la oración.

Simón estaba en los brazos de Papá, y Mamá escuchando entredormida. Padre e hijo dejaron que el silencio se apoderara de la habitación y contemplaron los niños que van en esta caravana. Los encomendaron al ángel de la guarda, acompañados del *Padre nuestro*, y al abrigo de nuestra madre María. Al amanecer, el ambiente estuvo lleno de la paz que se siente cuando vemos en el que sufre el rostro de Cristo y lo abrazamos en una entrega sempiterna. Unos meses más tarde, Papá comprobaría, en una situación extrema en África, que el poder de la oración es inconmensurable cuando se convierte en un cuerpo vivo.

El balbuceo y ronroneo de Simón son un mensaje de alegría, y este es el mejor inicio de domingo que Papá recuerde, un presagio del cielo en la tierra.

Jugaron un momento, mientras veían a Mamá descansando, y quisieron dejarla allí en ese lecho de vida eterna. Salieron sigilosamente, sin ser notados. La habitación de Simón fue testigo y protagonista. Las ventanas dejaban ver a través de su transparencia las palmeras, la hierba, algunos árboles pequeños y el bambú como meciéndose ante la mirada de Papá e hijo. Hubo un momento de silencio. El móvil de pájaros hecho por Mamá empezó a moverse y complementaba el escenario que había afuera del templo en que se había transformado el lugar.

Papá osó seguir leyendo en voz alta *Calila y Dimna*, y parecía que Simón del Karmel prestaba atención. Papá guardó esta observación en su corazón.

> *Porque cuando los falsos, sin escrúpulos, se confabulan contra el hombre inocente e íntegro, son capaces de conducirlo a la muerte, así sean ellos débiles y él fuerte, del mismo modo como el lobo, el cuervo y el chacal destruyeron al camello cuando se unieron contra él y pusieron al servicio de sus propósitos, el engaño y la hipocresía.*
> *Dijo Dimna: ¿Y cómo fue eso?*
> *—El lobo, el cuervo, el chacal y el camello...*[35]

Papá comentaba elementos de la historia para Simón, quien contemplaba en silencio los secretos entre el viento y la hierba, lo cual producía una danza que posteriormente bailaría con Papá.

En la literatura existen dos personajes que pueden asemejarse al bebé contemplativo: Pippi Calzaslargas y Matilda. Pero mientras ellos hacen parte de la ficción de Astrid Lindgren y Roald Dahl, respectivamente, Simón es real; y sorprende a Papá mientras este lee en voz alta sin ninguna pretensión distinta a acompañar el ritmo surrealista de este domingo 21 de octubre.

> *Se cuenta que un león vivía en un bosque vecino a un camino. Al león lo acompañaban tres amigos: un lobo, un chacal y un cuervo. Aconteció que cierto día pasaron por ese camino unos mercaderes a quienes se les retrasó un camello, el cual, desviándose hacia el bosque, fue andando hasta que llegó donde el león. Este le preguntó:*
> *—¿De dónde vienes? —y el camello le contestó narrándole su historia.*
> *—¿Y qué quieres? —le preguntó de nuevo el león.*

---

35. Báidaba, *Calila y Dimna: el libro del soberano y del político*, (s. l.: ed. Panamericana, 1998), 81.

—Acompañar al rey y ser su amigo —repuso el camello.

— Si es amistad lo que deseas, cuenta con ella. Aquí podrás vivir a tus anchas y disfrutar de la fertilidad y la abundancia que brinda esta tierra —díjole el león.[36]

Simón balbuceó algo y Papá le habló sobre la amistad y las bondades que pueden traer algunos infortunios. El sol empezaba a ser un compañero amable del bambú, los árboles y la hierba que se reflejaban en el templo. Papá prosiguió.

Allí pasó a vivir el camello hasta que cierto día salió el león de cacería, y se encontró con un elefante con el cual se trabó en violenta lid. El elefante causó al león graves heridas con sus colmillos, y así, todo cubierto de sangre, se encaminó hacia su guarida, de donde reducido a la impotencia no volvió a salir a sus acostumbradas cacerías. Por tal razón, el lobo, el chacal y el cuervo que se alimentaban de las sobras del león empezaron a sentir gran hambre y mucha debilidad.[37]

Papá siguió leyendo y Simón se mecía entre el móvil de pájaros y la ventana transparente. Minutos más tarde, Simón terminó en brazos de Mamá, quien lo recibió sin saber lo que había vivido en el templo de al lado.

Dos dientecitos. Una pareja de alas juntas, guardadas como tesoros en la intimidad de su boca. Las criaturas que tienen voz propia, como balbuceos, gorjeos, *croas*, cacareos, maullidos, aullidos, balidos, mugidos, relinchos, graznidos, gruñidos, chirridos y parloteos se unen para comunicarse.

Los dientes que empiezan a salir son dos aliados para la experimentación de Simón del Karmel con los sonidos. Poco a poco se han mostrado, y no tímidamente. Cada día dejan ver un poco más su blancura. Papá da fe de que no son de leche, porque siguen allí.

Papá ha decidido adaptarle a Simón unos cuentos milenarios provenientes del Medio Oriente y de la India. El vibrar de las cuatro cuerdas

---

36. Báidaba, *Calila y Dimna: el libro del soberano y del político*, 82.

37. Báidaba, *Calila y Dimna: el libro del soberano y del político*, 83.

del chelo ha servido como apertura al canto del León-La, la Jirafa-Do, el Oso-Sol, y el Pingüino-Re, quienes con muchas historias nos divertirán y en medio de la selva nos las contarán.

XXXIV. La poesía no es de quien la escribe, sino de quien la necesita

La composición italiana *I Suoni dell'isola* abraza las olas del mar y nos envuelve con su cadencia.

Papá plantea un diálogo entre la joven Teresa del Niño Jesús y el poeta Machado:

Nunca olvidaré la impresión que me causó el mar. No me cansaba de mirarlo. Su majestuosidad, el rugido de las olas, todo le hablaba a mi alma de la grandeza y del poder de Dios[38], dice Santa Teresa del Niño Jesús. El poeta Machado aplaude y responde:

> *Todo pasa y todo queda,*
> *pero lo nuestro es pasar,*
> *pasar haciendo caminos,*
> *caminos sobre el mar*[39].
> *Ahora, ella contempla el mar*
> *de otra manera.*

El primer día que Simón del Karmel contempló el mar fue un sábado. Papá se levantó y el amanecer estaba gris y húmedo. La hierba había recibido una visita que la humedeció. Al deslizar el pie sobre ella se sentía una ligera cosquilla en la planta.

Mamá no quería perderse este acontecimiento y se lanzó con Papá a la aventura de buscar el mar. Primero, los jardines del lugar presenciaron el rostro de Simón, calmado y vivaz a la vez; luego, los pies descalzos de Papá tuvieron que soportar el asfalto mojado, y entre piedrillas saltaba como quien tiene algo caliente en las manos, mientras con su brazo derecho sostenía a Simón.

Mamá había reservado un atuendo especial para esta ocasión, digno de saludar la inmensidad envuelta en aguas. ¡Marinero! Todo pasó como sucediese con Melville y su *Moby Dick*, cuando empezó a perfumarse de fragancia marítima. Simón llevaba su traje de marinero dispuesto para el

---

38. de Lisieux, *Obras Completas: Manuscrito A*, 118.

39. Antonio Machado, *Caminante no hay camino*, «Catorze». En: https://www.catorze.cat/piano/caminante-no-hay-camino-3-51941/

encuentro. Papá y Mamá estaban cerca; el trayecto recorrido sumaba un kilómetro. El mar recordaba la mirada de Machado. La brisa marina llegó hasta los tres, al igual que el suspiro de Teresa del Niño Jesús.

Los ojos de Simón tenían a pocos metros la inmensidad que miles de millones de gotas provocan juntas. El interior del bebé se llenaba de mucha agua a través de sus ojos, como en el cuento de García Márquez *La luz es como el agua*, en el que se llenaba un interior de agua hasta poner a navegar a los niños en un apartamento. Había mucho viento y mucha brisa.

Simón, en los brazos de Mamá, parecía hacerse preguntas acerca de este fenómeno desconocido hasta ahora. La sonrisa de Mamá era un canto de alegría y el reflejo de un alma que vive la felicidad del otro como propia.

La brisa acariciaba el gesto de Mamá, quien comprendió que el mar que hospedó a Simón dentro de ella era una metáfora de este momento. El viento traía consigo una melodía que disfrutaron regocijadamente. Minutos más tarde, la compañera nocturna de la hierba llegó sin permiso, e hizo que corrieran a guarecerse. El sentimiento de los tres era de gratitud por haber podido llevar al nuevo marinero a contemplar lo impetuoso del Océano Pacífico. El eco de Pablo Neruda no se hizo esperar, y llegó hasta ellos para sumergirlos del todo en todo:

El mar.
Necesito del mar porque me enseña:
no sé si aprendo música o conciencia:
no sé si es ola sola o ser profundo
o solo ronca voz o deslumbrante
suposición de peces y navíos[40].

---

40. Pablo Neruda, *El mar*, «Universidad de Chile». En: https://www.neruda.uchile.cl/obra/obramemorial5.html

XXV. «El color es un medio para ejercer influencia directa sobre el alma: el color es la tela, el ojo el macillo, y el alma es el piano con sus cuerdas»[41]

Quizá para este tono de la naturaleza, la calidez de Natalia Lafourcade con *Hasta la raíz* pueda inspirar este relato.

Papá leía en la *Breve historia de los colores*, de Michel Pastoureau, que:

> *En la antigüedad el color amarillo era bastante apreciado. Las romanas, por ejemplo, no le hacían ascos a llevar ropas de ese color para asistir a ceremonias o enlaces matrimoniales. En las culturas no europeas como Asia y América del Sur, el amarillo siempre ha tenido una connotación positiva: en china, durante mucho tiempo estuvo reservado al emperador, y sigue ocupando un lugar importante en la vida cotidiana, asociado al poder, la riqueza y la sabiduría[42].*

Se detuvo y quiso leerle a Simón un fragmento de una versión inédita de *Alicia en el país de las maravillas* con pinturas de Salvador Dalí.

Al despertarse, para dejar dormir a Mamá un poco más, se lleva a Simón para el cuarto próximo, y allí empieza un ritual: cambiar el pañal y enseñar a Simón la luz del día. Lo saca por la ventana que da al jardín y lo perfuma con el aroma del nuevo día. Luego lo carga hasta la cama y allí lo acuesta mirando el móvil de pájaros en origami que Mamá le hizo.

Mientras Simón los contempla, Papá le lee; piensa que todo lo entiende y que en alguna parte de su ser quedan grabadas estas lecturas. Conversó con Simón acerca de los colores de los pájaros y del jardín.

Simón se ha interesado por ver cómo Papá hace que el libro vuele a la par con los pajaritos, y quiere tomarlo en sus manos; parece que quisiera hacerlo volar. ¡Tal vez Papá está logrando que Simón relacione la lectura con un vuelo o un viaje!

Al mediodía, Papá va a buscar el alimento que van a dar a Simón, y escoge el ayote tierno palpando con sus manos uno que estuviera a la medida del estómago del pequeño. Hizo lo mismo con el *zucchini* y el brócoli;

---

41. W. Kandinsky, *Du spirituel dans l'art et dans la peinture en particulier*, (s. l.: ed. Denoël, 1989), 110.

42. Michel Pastoureau, *Breve historia de los colores*, (s. l.: ed. Paidós, 2006), 83.

frutos amarillos y verdes de la tierra. Estos son los primeros colores que Simón ingiere.

Los gestos de este cuando le llevaban la cuchara a la boca fueron de total aprobación. Así empezó el itinerario de alimentos que Papá y Mamá procuran que sean su medicina en adelante. «La música te calma», le dicen a Simón. Este se incomoda hasta que hizo aparición *Yellow Submarine*, y quedó sumergido en un sueño de colores.

XXXVI. La contemplación pura consiste en recibir

Thomas Merton y el *Vals de las flores*

Papá estaba distraído leyendo *Los manantiales de la contemplación. Un retiro en la abadía de Getsemaní*, del monje Thomas Merton, y Simón aprovechó para tomar una bola de lana que adornaba la manta tejida por Mamá. Sacó varias lanas y las metió en su boca; Papá se hallaba en una meditación y casi tocaba las nubes, pero al sacar su mirada de la lectura y girarla hacia Simón notó que comía algo, sin tener edad aún para los sólidos. Vio en el piso las huellas de lo que degustaba, luego saltó de la cama y abrió la boca del bebé; en la lengua se hallaban unas hebras de lana que, acompañadas de una sonrisa, estuvieron próximas a ser su primer alimento extraño. Pero allí estaba Papá, que, como si fuera un cirujano, introdujo un dedo en la boquita y cuidadosamente sacó cada lanita. Simón solo sonreía, y quedó con la satisfacción de haber probado los tejidos de Mamá.

Papá continuaba leyendo al lado de Simón. Para entonces, Mamá había salido por un par de horas, y corría el riesgo de que si el bebé se despertaba iba a tener que hacerle leche de fórmula por primera vez, a lo cual Papá se rehusaba. Pasadas dos horas, Mamá llamó y dijo que regresaría pronto, aunque no había alcanzado una cita para arreglarse el cabello; algo que no había podido hacer casi desde el nacimiento de Simón. Papá, muy amorosamente, le dijo: «No te preocupes, ve a la cita, que Simón, misteriosamente, sigue durmiendo». Mamá se puso alegre, por razones que solo las mujeres comprenden y que tienen relación con ir a un arreglo de cabello, y apenas colgó ¡Simón se despertó! Papá recordó el *Vals de las flores* y lo puso, acompañado de otras tres composiciones de Vivaldi y otras de Bach, Chopin y Albinoni. ¡El concierto dio resultado! Simón volvió a dormirse y Papá atribuyó lo misterioso de la larga siesta a los relatos que leía sobre el joven Merton y la similitud que encontraba con los escritos de Juan de la Cruz, Teresa de Jesús y algunos místicos orientales:

> *Esto significa escuchar, pero no con el oído; escuchar, pero no con el entendimiento [...]. La escucha con el espíritu no está limitada a alguna facultad, ni a oír, ni a la mente. Demanda el vaciamiento de las facultades, y cuando las facultades están vacías entonces todo el ser*

escucha. Así el ayuno del corazón te libera de las limitaciones y de las preocupaciones, produce unidad y libertad[43].

Papá decía, con su corazón, a Simón que Mamá pronto llegaría, que los dos en ese momento eran un equipo y que lo que hacían servía para un instante de felicidad y tranquilidad para Mamá. Además, continuaba el diálogo; si se despertaba Papá no quería darle la leche de fórmula. A los pocos minutos Simón despertó y lloró, pero parece haber recordado algo que había mencionado Papá sobre un ayuno, y se entretuvo con él mirando cómo el viento mecía las hojas de los árboles.

43. Thomas Merton, *El camino de Chuang Tzu*, (s. l.: ed. Trotta, 2020), 53.

XXXVII. Que tu alimento sea tu medicina

Papá hoy salvó a un niño de romperse la cabeza. Estaban en la cocina del centro de desarrollo infantil, un lugar de sueño, tanto que los mismos niños se preguntan si de verdad es real. Nilson es un bebé de poco más de un año. Hoy quiso sentarse en una silla diferente mientras Papá lo observaba sin perderle el rastro. Apoyó sus pequeñas rodillas sobre la silla blanca, luego subió el resto de su cuerpo de una manera inestable. A los pocos segundos sus manos hicieron fuerza contra el espaldar de la silla y esto hizo que el bebé se fuera para atrás. Papá, que estaba muy atento, se lanzó como un beisbolista hacia una bola que parece perdida, y con su mejor esfuerzo, deslizándose por el suelo, estiró su brazo derecho de modo que con su mano sostuviera a Nilson, el dedo anular a la altura del tallo cerebral. De este modo, Papá impidió que Nilson chocara contra el piso. Quizá semejantes reflejos se debieron al desayuno.

La luz no se atrevía a salir del todo, y por tanto la mañana era tan joven como Simón del Karmel. Papá se levantó a supervisar los movimientos del bebé y lo encontró de lado con el cuerpecito un poco encorvado y la cobija fuera de su alcance. Con un leve gesto Papá tomó la suave tela algodonada y la puso sobre Simón. Sin embargo, y para sorpresa de Papá, el bebé estaba despierto y se volteó. Papá sonrió y se acostó a su lado. El bebé también sonreía, y Papá decidió dejar a Mamá dormir otro ratito, así que se llevó a Simón a pasear por el jardín y el resto de la casa. Luego habló con él y le dijo que hicieran el jugo de naranja y pelaran un mango para tener algo listo para cuando Mamá despertara.

La mesa del comedor tiene una especie de silla mecedora maternal donde Simón toma su lugar en el comedor. Allí lo sentó Papá, a un metro y medio de distancia, mirando hacia la cocina. De esta manera, Papá se aseguró de poderlo mirar y escuchar.

Instrucciones para pelar un mango y hacer jugo de naranja con un bebé mientras mamá duerme:

1. Decirle al bebé que la mamá duerme y la van a sorprender al despertar.
2. Describir cada acción al bebé y no parar de mirarlo ni de hablarle.

3. Buscar el aparato de exprimir naranjas.

En este caso no fue encontrado y se improvisó un pequeño utensilio para sacar el jugo a los limones. «Mi amor, este es el exprimidor de naranjas», dijo Papá. Y acto seguido procedió a partir en dos cada naranja.

4. Mostrar cada naranja al bebé y advertirle los beneficios que se obtienen al consumirla. También es importante decirle que es de color ¡naranja!

5. Poner el cuerpo de tal manera que pueda apretar la naranja contra el exprimidor sin perder de vista al bebé.

6. No dejar de hablarle ni de mirarlo mientras exprime.

7. Contar el número de naranjas para cada vaso. Es muy importante sacar dos vasos e ir vertiendo el jugo de cada naranja para que el bebé vea que el vaso está cada vez más lleno.

8. No dejar de hablar ni de mirar al bebé mientras exprime.

9. Al final, mostrar el triunfo y regocijarse con el logro más importante en lo que va corrido del día. Expresarle con alegría al bebé que ha sido un trabajo de equipo y que juntos lo lograron.

10. Aprovechar y comer lo que queda de las entrañas de la naranja para que el bebé lo vea y quizá guste de las frutas más adelante.

Así quedaron llenos dos vasos de jugo de naranja, y Simón del Karmel acompañaba a Papá con atención. Acto seguido Papá tomó un mango, lo lavó y lo peló con una técnica especial ante la mirada vigilante de Simón. Pasó el cuchillo por la cáscara de manera meticulosa y cortó como si estuviera en un trapecio haciendo un malabar sobre la cuerda floja, hasta que desnudó completamente el mango. «Es color mango», dijo Papá. Lo partió en trozos casi iguales, mientras un líquido amarillento le bañaba las manos. El mango había dado lo mejor, y su sudor se impregnaba en Papá, quizá para que más tarde uno de los dedos por los que bajó esa deliciosa fragancia *manguesca* salvara la cabeza de Nilson.

La mesa estaba servida, el color naranja y mango predominaba. Simón fue testigo y guardará para siempre el recuerdo de haber sido cómplice de Papá en la misión de dejar dormir otra hora a Mamá, y de aprender a usar las manos para diversas faenas.

XXXVIII. Todo lo que decimos frente a un niño se convierte en una semilla que algún día fructificará

El *Miserere mei, Deus,* de Allegri, abono para esta historia

La papaya es una fruta tropical originaria de Centroamérica que cuenta con muchas propiedades beneficiosas para la salud. Tiene una forma ovoide, la piel es de color amarillo-verdoso y en su interior abundan semillas negras, brillantes y picantes. Posee una pulpa rojiza muy jugosa similar a la del melón y de sabor dulce y suave. Es rica en papaína, la enzima que otorga a esta fruta multitud de propiedades muy interesantes para la salud[44].

Papá se levantó antes que la luz saludara el día. Miró hacia un costado de la habitación y allí estaba Mamá con Simón del Karmel en sus brazos. El bebé ya tenía los ojos tan redondos como las semillas de muchas frutas. Mamá necesitaba descansar un poco más, y Papá llevó a Simón a cambiarse para dar un paseo de recibimiento al nuevo día. Salieron, observaron las plantas, los árboles, sintieron el viento que mezclaba un aire tibio con serenos fríos que se encubrían sin dar a pensar que esto pudiera ser dañino para la piel naciente del bebé. Volvieron a casa y Papá lo dejó sobre la cama para enfrentarse a la misión especial de conseguir una papaya adecuada. Simón iba a probar por primera vez un alimento diferente al néctar eterno que había dado nombre a nuestra galaxia.

Cuando Papá llegó a la plaza del pueblo lo primero que hizo fue ir al puesto donde vendían papayas. Miró fijamente al vendedor y le hizo saber que necesitaba la mejor papaya, la cual debía cumplir con rigurosos estándares de calidad. La fruta tenía que estar a punto para ser comida durante la hora siguiente, de modo que al quitar la piel externa se empezara a sentir el olor más delicioso y exquisito que se puede encontrar en la naturaleza.

El señor frutero sonrío y dijo, señalando a la fruta bendecida: «Esta la puede consumir ¡ahora mismo! Está garantizada». Papá sonrío también, y cuando iba a seguir comprando otras cosas oyó que por el altavoz llamaban al propietario del vehículo mal estacionado, quien debía salir y reportarse a los policías que estaban preguntando por él. Víctima de la emoción

---

44. *Papaya ¿quieres conocer sobre más sobre la papaya? ¡entra!* (2022) *Exotic Fruit Box.* En: https://exoticfruitbox.com/frutas-exoticas/papaya/

del momento, Papá no había visto que el sitio donde parqueó tenía una señal débil con amarillo, lo que indicaba que no podía parquear ahí, a pesar de que había otra decena de vehículos. Sin embargo, la conversación con el agente de tránsito fue alegre. Este último estaba sorprendido de que alguien recibiera una multa con tan buena disposición, sin mediar reclamo alguno.

Después de desear al agente que tuviera el mejor de los días, Papá salió para la cita, casi mística, que lo esperaba en casa. Bajó del auto y llevó consigo, con devoción, la bolsa que envolvía la papaya. Llamó a Mamá, quien venía con Simón, que estaba vestido con un traje que tenía un león en el pecho, y traía también unos cachorritos en los pantalones. Los animales no se imaginaban que quien los llevaba iba a romper sus tradiciones carnívoras y que serían testigos de su consumo del primer alimento venido de la tierra: una fruta originaria del suelo que Mamá pisaba.

Papá tomó el cuchillo y partió la fruta en dos pedazos. Lo primero que apareció fue el color del interior, que era magnífico e inigualable. El frutero tenía razón. Ahora Mamá estaba con Simón en el comedor, y Papá cortó una tajada que a su vez fue dividida en pedazos pequeños.

Mamá y Papá le habían mostrado a Simón del Karmel la papaya por dentro. Esta tenía una forma de estrella con pepitas, y era toda una maravilla de la naturaleza. Luego, Papá cogió uno de los pedacitos, lo bendijo y él y Mamá dijeron al bebé que empezaba su historia con el tipo de alimentos que pueden ser nuestra mejor medicina. Poco a poco Papá y Mamá acercaron la papaya a los labios de Simón, quien le daba besos, y luego abrió sutilmente la boca para dejar entrar su primer alimento diferente a la leche materna, el cual exploró y degustó compasivamente. Fue un instante corto, pero lleno de alegría, como si lo que Simón comía fuera un alimento afectivo más que una fruta.

XXXIX. Una aventura sobre ruedas

Esta historia podría ser acompañada por la sutileza
de la canción sueca *Av längtan till dig*

Papá quería ser arquitecto cuando era pequeño. ¡Y ahora que ha vuelto a ser pequeño está casado con una arquitecta! Mamá fue a visitar un edificio cuyo nombre traduce «Nido», como el lugar donde duerme Simón del Karmel, quien fue concebido al tiempo que echaron los cimientos de uno de los edificios más altos de la ciudad.

La construcción del edificio, la gestación del bebé y la creación del centro de desarrollo infantil ocurrieron de manera simultánea en esta historia de amor en la que todo es vertiginoso e intenso. Como dice Teresa de Jesús, en el *Castillo Interior*: «Para aprovechar mucho en este camino y subir a las moradas que deseamos, no está la cosa en pensar mucho, sino en amar mucho; así lo que más os despertare a amar, eso haced»[45].

Mamá es una obra de arte. Un sueño de Dios. Una sonrisa de María. Un camino de perfección. Una alegría desbordada. Un suspiro de los ángeles. Una caricia del infinito. Una contemplación de Teresa de Jesús. Una hermanita de Teresita de Lisieux. Una hija de Isabel de la Trinidad y Juan de la Cruz. Sobrina de Edith Stein. Hija adoptiva de Celia y Luis. Corista de Taizé. Ahijada de Gaudí. Y una habitante permanente del Castillo Interior. También es la esposa de Papá.

El edificio ya estaba casi terminado. Mientras Mamá con su fuerza y templanza subía a ver cada detalle de la obra, Papá salía con Simón a pasear por los alrededores. Las manos de Papá se sentían extrañas; nunca había manejado el coche de Simón. Algunas grietas en la calle rápidamente lo volvieron un experto. El primer destino fue un almacén de bicicletas. Sus miradas estaban llenas de júbilo y solo sonreían de la emoción. No dejaban de mirarse, aprovechando que, si es como Papá, el pasajero mira al conductor todo el tiempo.

Justo al entrar pasaba un tren, a tan solo unos metros, y aunque pasó rápido Simón del Karmel pudo verlo: era como tres de las hormigas que encontraba cada mañana en su camino, unidas, con una hoja como su mayor botín, caminando; así era el tren, pero más grande y de metal, con

---

45. Santa Teresa de Jesús, *Obras Completas*: Castillo Interior, 832.

un sonido estruendoso que casi deja sin función a su tierno oído, pero asombroso. Quizá Simón logró escuchar con mayor detenimiento el ruido que produce el riel cuando lo acaricia el acero de las «llantas» del gigante. Eso empezó a merodear su mente: ¿por qué las personas no tenían unos zapatos parecidos a las ruedas del tren? Aún no lo sabía.

Papá quería comprar una bicicleta de ruta para salir a las montañas, como buen escalador. Era el primer lugar que visitaban juntos con el ánimo de comprar o tan solo averiguar algo.

La sonrisa y los ojos abiertos y vivaces de Simón se llevaron toda la atención, fue un verdadero compañero. Observó con discreción los nuevos modelos que sabía no iba a comprar; y mantuvo un silencio cómplice ante las preguntas de su progenitor. Luego, Papá miró a Simón buscando un comentario. Por supuesto, la respuesta fue como venida de las entrañas. Parecía un diálogo, aunque silencioso, del cielo en la tierra. Los dos estuvieron de acuerdo, y salieron sonriendo del lugar.

El viento ya estaba un poco frío, Papá arropó a su pasajero amado y juntos se dispusieron al regreso, pero antes le señaló la edificación de veinticinco pisos, mientras trataba de adivinar en cuál de ellos se encontraba Mamá.

Cuarta parte

Arte, mística y educación

XL. El *Manuscrito C* de Santa Teresita del Niño Jesús

Vivre d'amour, Thérèse

Si el lienzo que pinta un artista pudiera pensar y hablar, seguramente no se quejaría de que el pincel lo toque y lo retoque sin cesar; ni tampoco envidiaría la suerte de ese instrumento, pues sabría que la belleza que lo adorna no se la debe al pincel sino al artista que lo maneja[46].

Teresita de Lisieux era testigo del gateo de Simón con su *Manuscrito C* en *La historia de un alma*. Desplaza su cuerpo con facilidad de un lado a otro, incluso pone sus manos sobre un colchón que hay en el piso y se levanta del suelo, queda parado y balbucea como un grito de victoria al verse de pie. Al lado está Papá, que le dice: «You can do it, everything is possible!». Simón sonríe y ahora gatea hacia las canasticas que organizó Mamá con sus jugueticos: madera, títeres, instrumentos musicales; al lado, otra tejida con hilos donde se echa la ropa sudada de Simón, y una más con un baldecito para los pañales. Cada mañana se dirige allí y empieza a sacar lo que llama su atención y juega. Esta noche su gateo lo llevó a la sala y allí encontró una tabla de madera suspendida en el aire apoyada con unos ladrillos y sobre la cual hay libros que cuentan historias de arquitectura, arte, literatura y una colección de los Santos del Carmelo. Justo bajo la tabla había una cajita con la cual Simón empezó a jugar; la tomó en sus manos, la exploró y, luego, haciendo uso de su técnica para pararse, puso sus manos en la tabla y con un especial impulso fue sacando poco a poco uno de los libros hasta que cayó al piso: *Teresa de Lisieux, obras completas.*

> *El pincel, por su parte, no puede gloriarse de haber hecho él la obra de arte. Sabe que los artistas no se atan a un instrumento, que se ríen de las dificultades, que a veces les gusta escoger instrumentos débiles y defectuosos...*[47]

Quizá por alguna razón desconocida, Simón se sintió atraído por la forma en que Teresita describe su relación con la pintura:

> *... yo soy un pincelito que Jesús ha escogido para pintar su imagen en las almas que usted me ha confiado. Un artista no utiliza solamente un pincel, necesita al menos dos. El primero es el más útil, con él da los*

---

46. Teresa de Lisieux. *Obras Completas: Manuscrito C,* (s. l.: ed. Monte Carmelo, 2010), 300.

47. de Lisieux, *Obras Completas: Manuscrito C,* 301.

colores comunes, y cubre totalmente el lienzo en muy poco tiempo; del otro, del más pequeño, se sirve para los detalles[48].

Ahora Simón busca pinceles, acrílicos y un lienzo, y ser uno pequeño detallando cosas grandes.

---

48. de Lisieux, *Obras Completas: Manuscrito C,* 301.

XLI. La música es la clave para comprender las sinfonías que a diario acaecen en el alma de los niños

Primer movimiento: *Partita para flauta sola, BWV 1013*, J.S
Bach

Simón del Karmel ya se encontraba vestido con su pijama. Hoy fue el turno del traje de dinosaurio. Sus pies estaban cubiertos por una especie de zapatos en forma de este animal que se resiste a la extinción. Papá bajó a Simón, quien ya estaba dormido, del carro, y lo puso sobre el coche, el cual fue cubierto con una manta que le impidiera a la noche acercarse al bebé.

Allí estaba la puerta de la iglesia de Santa Ana. Papá y Mamá estaban esperando que el presentador del concierto terminara sus palabras para evitar que los aplausos del público despertaran al bello durmiente. Por fin todo estuvo en silencio. Simón hacía entrada oficial a su primer concierto. Este era el segundo día en el que se interpretarían las siete *Sonatas para flauta*, de Bach.

Se sentaron en diagonal a León Giraldo, un majestuoso intérprete, que iba a ser acompañado en el clavicémbalo por el maestro Mario Donadío. Allí estaba el público, que llenó la iglesia. Las notas emitidas por la flauta fueron compañía de Simón mientras dormía. El rostro angelical y sereno del bebé se conjugaba con la excepcional manera de interpretar de León, quien hacía gala a su nombre, pues fieramente luchaba con la complejidad de la obra de Bach.

Ahora la flauta arrullaba al bebé, que seguía en sus asuntos cual si un río calmado recibiera a un recién nacido para su bautizo.

De repente, el rostro de Simón cambió: arrugó la frente y una mueca de llanto se asomó a su rostro. Extrañamente, no lloraba. O bueno, sí lloraba, pero en silencio. Parecía como si cuidara al público para que siguieran contemplando la obra. Mamá llevó a Simón a su pecho y lo apoyó sobre su hombro, mientras Papá manejaba el carruaje en reversa para ir hasta las últimas bancas de la iglesia. León seguía saliendo airoso por mucho en su enfrentamiento con la obra de Bach, y ya en ese instante Papá empezó a bailar como si fuese la única reacción posible después de practicar cada mañana el *Vals de las flores*; pero ahora la flauta tenía la melodía y los pasos se adaptaban a ella.

Mamá pidió, entonces, que Papá le pasara a Simón, y lo hizo como cuando una bella dama se acerca al gran bailarín para solicitar ser la próxima en el baile. Paso a paso, Mamá llevaba entre sus brazos a Simón del Karmel, y se dirigían adelante para ver de cerca a León, que ya había degustado con generosidad esta partita, motivo de un encuentro con la música barroca, que es un verdadero «Bocatto di cardinale» a los oídos de un recién nacido.

Simón, como si fuese un espectador más, osó abrir sus ojos buscando el sonido que lo había hecho despertar. Su rostro estaba serio y seguía respetando al público. Unos minutos más tarde, cuando terminó la primera pieza, salían por la misma puerta por donde habían entrado.

Segundo movimiento: *Badinerine,* de J.S Bach, y *Le vol du bordon,* de Korsakov

León y Simón ya estaban unidos misteriosamente. Y por supuesto que el bebé estaba urgido de saber quién era aquel que, al tiempo que lo arrulló, provocó su despertar. Como dijo Juan José Millas en *El mundo* cuando se refiere a la escritura como un bisturí eléctrico que cauteriza la herida en el momento mismo de producirla: «... pues la escritura abre y cauteriza al mismo tiempo las heridas».

El reencuentro llegó al día siguiente, que era el Día de la Familia en el centro de desarrollo infantil. Los invitados especiales eran los mismos que habían tocado en la iglesia en el turno de la mañana. Sin embargo, Simón se había quedado dormido justo al empezar la jornada, y Papá se entristeció un poco porque quería hacer la apertura del evento bailando el *Vals de las flores* con su primer cachorro de león. Un día no muy lejano contaremos a qué se refiere Papá cuando menciona los «cachorros de león», que curiosamente no tienen que ver con León el flautista.

El acto inició con un minueto de Bach. El escenario era típica obra del surrealismo: Simón, Papá y Mamá bailaban juntos como la noche anterior. Lo mismo hacían los demás papás, mamás, abuelos y niños. La escena parecía un baile de salón del siglo XVII. La flauta y el clavicémbalo fueron tocados en vivo por dos de los mejores expositores del mundo, mientras las familias se confundían en pasos que parecían la imitación de una danza fina, en la que había algunos asomos de *reggae,* salsa y hasta tango.

Papá hizo piruetas para que los bebés siguieran los pasos de *El pájaro del alma*, obra que era interpretada por los infantes. Unos minutos después, y luego de que esta obra fuera ovacionada por el público, llegó el cierre con León y el abuelo Juan Guillermo, quienes interpretaron en vivo *Il Gardellino*, de Vivaldi.

Papá sonrió al ver que entraba por la puerta Simón del Karmel, su primer cachorrito, quien había despertado justo en ese instante y buscaba el alimento celestial que solo Mamá podía ofrecer. Pero, sorpresivamente, al escuchar esta obra —o mejor, al escuchar esta flauta— Simón parecía retardar su deseo de comer. Papá percibió lo que pasaba, tomó en brazos a Simón y lo llevó al escenario en el que estaba León. A solo unos centímetros del intérprete, Simón fijó su mirada en la flauta y, quizá, reconoció los sonidos que la noche anterior lo arrullaron y despertaron; aunque quizá esto es solo una ficción de Papá.

En ese momento, Papá y Simón bailaban al ritmo de los tres movimientos —*allegro, cantabile* y *allegro*— del pajarito de Vivaldi. La música perfumaba a niños y adultos, que no olvidarán ese instante. Terminada la pieza, Simón fue a los brazos de Mamá, quien buscó un lugar secreto para alimentar a su cachorrito.

XLII. Extraña infancia

Lè timoun an-mwen & *Manman-doudou*, **de Roselain Bicep**

Antes de separarse, la primera exposición que Simón contempló en compañía de Papá fue «Extraña infancia», en el museo de arte moderno de Costa Rica. Papá se llevó una sorpresa al notar la forma como Simón se detenía en los cuadros. Primero los miraba, veía hacia un lado y luego los volvía a mirar. Allí había una danza de niños pintados por diferentes artistas entre el siglo xix y xx. Ciertamente, una exposición cercana a la infancia, cómplice de su tamaño. El clímax de la visita fue «Eva», una escultura en bronce sobre la cual Simón fijó toda su atención hasta el punto de estirar su brazo y tocarla desde el rostro, pasando por el cuello, a las manos y hasta la espalda; de pronto retrocedía y luego volvía a mirarla y querer tocarla. Papá lo llevaba a ver otros niños, otras obras, pero al pasar por esa escultura se quedaba en ella: «Eva», la primera mujer.

XLIII. El país donde vivimos es un regalo para el alma de los niños

Contemplar sus costumbres y comprender su historia son las llaves para el conocimiento propio. *Veafilu Behastarah*, de Yosef Karduner

Papá viaja, y por primera vez en su vida Simón del Karmel no lo verá por unos días, pero nada comparado al mes que dejaría de verlo cuando Papá viajase a África en busca de una gesta heroica.

La noche anterior fue diferente, porque Simón no se quería dormir. Tampoco durmió en la tarde, y su mirada estaba puesta en Papá. Mamá y Papá continuaron un rosario que les había sido inspirado, por primera vez, una tarde madrileña de hace mucho tiempo en el parque de El Retiro.

En esta versión del rosario los misterios se contemplan de un modo diferente, acompañados por la música de los monjes de la colina de Taizé. Primer misterio: el nacimiento de Jesús.

Mientras hacían oración contemplativa, Simón estaba en las piernas de Mamá, con su cabecita sobre una almohada. Papá cerraba los ojos mientras meditaba, y le dijo a Mamá que Simón lo miraba con atención, igual que lo hacía con ella cuando era su turno de meditar.

Poco a poco los ojitos de Simón se iban cerrando. La luz tenue lo cobijaba, y los tres vivían una trinidad hogareña; como todas las familias cuando se reúnen para orar juntos. Al terminar el misterio en el que José y María se reencuentran con Jesús, rodeado de sabios, en el templo de Jerusalén, Simón seguía haciendo un esfuerzo por no dormirse. Sus párpados se resistían a cerrarse, y de sus ojitos aún podía verse una leve línea. Cuando la oración terminó, Simón del Karmel dormía con alegría. Amén.

Papá ha regresado con un tesoro invaluable. ¡Ahora es titiritero! Con su corazón puesto en Simón del Karmel, ha dejado la psicología y su «vocación» de sacerdote.

Internado en un bosque, y acompañado de dos seres surrealistas y llenos de magia y sabiduría, Papá había empezado a construir su ópera prima en el mundo de los títeres, titulada tentativamente *Mungu Akubariki*, expresión que traduce «Dios te bendiga» en suajili. Esta obra cuenta el recorrido místico que lo ha llevado a vivir en cuatro continentes. Cada que su directora escénica y su dramaturgo le hacían una anotación, era como si recrearan y esculpieran sobre roca una historia llamada a ayudar en la liberación de muchos que se encuentran en diferentes prisiones socialmente aceptadas, como Facebook, Instagram y WhatsApp, en cuyas celdas algunos olvidan el sabor de los alimentos, al tiempo que pierden la capacidad de mirar a los que los rodean.

El algoritmo ya ha rastreado a casi todos los seres sobre la Tierra, excepto, paradójicamente, a aquellos que están encarcelados e incomunicados, pero con más posibilidad de validar un *tú* en escenas cotidianas auténticas.

Cada ejercicio dramático fue para Papá un despertar a la más bella paternidad, en la que tener al hijo como faro lo lleva a dedicar su vida, a lo que acompañará a Simón durante la próxima década: los muñecos y las historias. Qué privilegio tener un titiritero en la casa cuando cuentas cinco meses desde el alumbramiento.

Al reencontrarse con la mirada de Papá, los ojos de Simón se abrieron y auscultaron profundamente la figura del titiritero. La sonrisa los envolvió, y un mar de júbilo fue testigo de un momento íntimo en el que se sintieron concernidos por el suceso; maravilloso para cualquier niño, de contar con un Papá titiritero y estudiante de chelo.

Por supuesto que Simón del Karmel es un espectador de lujo que ya es testigo de ensayos con el Tigre Naranja, la Jirafa Amarilla, el Elefante Gris y el Monkey Brown; al igual que Pingüino-Re, León-La, Oso-Sol y la pequeña Jirafa-Do. Mamá le regaló la mayoría de estos títeres —los últimos de dedo— como presagiando que la primera vez que Papá se alejara por un instante de Simón del Karmel regresaría con una sorpresa.

XLIV. Títeres para bebés

Una nube, de Vuelta Canela

Tres alfombras se convirtieron en un elefante. Papá iba a hacer su debut en el teatro de títeres para bebés. Dos maestros llegados de México y Argentina eran los encargados de entrenar a Papá en este bello arte. Exigentes, muy exigentes. Jornadas largas y extenuantes. Cecilia, la directora, estaba pendiente de cada detalle; Rogelio, el escritor, corregía una y otra vez las imprecisiones de Papá con el guion. Era la historia de Tamón, un bebé que corría peligro por el acecho de una gran serpiente —construida por el equipo artístico— que resultaba exuberante a la vista de los bebés, e incluso de los adultos.

La obra comenzaba con Papá en el suelo, con su atuendo de elefante, cubierto por una sábana blanca. Poco a poco se incorporaba y su figura se hacía muy grande. Como si fuera un canguro, tenía escondido en su barriga a Tamón. Los espectadores vieron al bebé y sus ojos se maravillaron. Protegido. El elefante daría su vida por él; esto cautivó a los peques. De repente, apareció la serpiente, ¡enorme! ¡Todos gritaron! El público estalló de la emoción, nadie se quedó sin gritar. De un momento a otro la serpiente se hizo amiga de los bebés, los tocaba, pasaba su inmenso y largo cuerpo al lado de todos. Ahora llegaba la tensión, el enfrentamiento. Frente a frente, serpiente y elefante danzaron. Se perseguían. El elefante protegía con todo su ser a Tamón. Simón era un espectador más, al lado de Mamá, sentados en el suelo junto a otros bebés con sus mamás. Papá hacía todo lo que podía vestido de paquidermo, cuidando que Tamón no se le saliera del refugio; tomaba el reptil gigante con la mano izquierda, lo convertía en caballo. Contemplaba al público alegre y atento. El tiempo estaba terminando. La brevedad es indispensable en el arte para los peques. Al final, el elefante logró erradicar el peligro de la manera más ingeniosa. La serpiente se fue feliz, bailando; mientras el alma de Simón estaba jubilosa de ver a su papá haciendo esta clase de malabares para divertir a los niños.

Quinta parte

¡Pasión, muerte, resurrección y libertad!

XLV. *Carta al viento*, de Cantoalegre

Columpiarse,
volar sin preocupaciones
¿Por qué produces vértigo?
Desafío la gravedad.
Columpiarse.

El columpio amarillo estaba a casi dos metros del piso. ¿Recuerdan la persona que los llevó a columpiar por primera vez? Papá fue designado para tan alto menester. Simón del Karmel se encogía y estiraba de la emoción. Sus manos no alcanzaban a tocar aquel exótico «juego» o pequeño avión: 3, 2, 1… ¡plataforma de lanzamiento! Sonríe, se emociona. Tiene la sensación de que va a otro planeta. Primero hacia adelante, se mece; luego hacia atrás, quiere volver al frente y rápidamente atrás. Sonrisas como el infinito del universo. Las manos cómplices de Papá han perdido el control, no se detienen. Es tiempo de parar. El vuelo ha terminado; los pies sobre la tierra. Gravedad cero. Ahora caminan hacia la primera semana santa.

La primera semana santa

XLVI. Escalando por el altar...

Y la alegría del *Hava Nagila*

Domingo de Ramos. En tiempos de Jesús de Nazareth la celebración que se realizaba era Sukkōt, fiesta de las cabañas o tabernáculos[49]. Papá llevaba viviendo dos meses en Israel cuando celebró esta festividad. Recordaba que, bajo las tiendas hechas por la comunidad, compartió con su mensajera sueca el significado del viaje del pueblo judío, a través del desierto, hacia la tierra prometida.

El domingo llevó consigo un ramillete compuesto por palma, cedro, mirto y sauce, todas atadas con cáñamo. Ahora, Simón lo tomó como quien lleva una joya efímera en la mano. Cambiaron sus objetivos[50], era el tiempo de experimentar en el templo, algo que molesta a los adultos, extrañamente. Como si Dios fuera un dios de muertos. Los niños están vivos y no pueden quedarse quietos en una banca incómoda por más de una hora viendo la espalda de otros. Necesitan moverse, ser partícipes del misterio a su manera, como el mismo Jesús les enseñó a sus discípulos que lo hicieran.

Simón del Karmel soltó la joya transitoria y gateó por debajo de las bancas, alargadas y toscas, como en las que su madre cayó acostada en la iglesia Saint-Gervais en París; aunque en aquella oportunidad parecía una cama celestial. En el presente era el tiempo de una aventura por los altares; subió las escaleras y llegó al atrio. Los adultos empezaron a fruncir sus ceños, algunos pensaron que ese niño debía ser expulsado del templo y otros sentían que era un ¡pequeño hereje! La mirada de Papá y Mamá estaba entregada al primer hijo del Karmel. El sacerdote carmelita escuchaba las lecturas, mientras Simón iba de un lado al otro del atrio. Papá lo llamó para dejar «tranquilos» a los feligreses. Simón sonreía luego de su hazaña, de subir las gradas en medio de malabares; en el fondo estaba en éxtasis por lograr hacer su primera visita a su amigo. No lo calificó, al contrario, lo aplaudió y acogió. «Qué valiente y osado», pensaba Jesús desde su escondite. Ahora el niño había descubierto el secreto: correr de la presencia

---

49. Aún se celebra en la primera semana del mes de octubre.

50. Objetos adjetivados: dar vida a algo con la mirada o un acto que lleve al sujeto en pos de lo que ha llamado su atención.

de los adultos para jugar al escondite con Dios mismo. ¡Qué maravilla! Mamá confesaría más tarde que usó su sexto sentido para salvar al bebé de la caída inminente, pero que disfrutó del primer encuentro de su hijo con el verdadero salvador.

Al fondo se escuchaban unos violines. Las cuerdas estaban tensas; una parte de la congregación desaprobaba el intento de Simón por dirigirse irreverentemente hacia el Santísimo. La música presagiaba una semana de pasión. Otros niños llegaron al encuentro. Jesús sonreía desde su escondite; cómplice con los infantes que llegaban a sus pies.

Simón reconoció a Vivaldi con solo unos acordes de las cuerdas del violín; sentía que la desgarradora voz de los instrumentos estaba triste, quizá porque no podían acompañar a las decenas de niños que llegaban. De repente, el carmelita que oficiaba tuvo una idea maravillosa, llena de arrojo y sin duda inspirada por el Espíritu Santo: en medio de la homilía, que para ese entonces ya se había extendido más de lo que una inocente criatura podría soportar, decidió tomar una cruz, cargarla y ponerla en frente del altar. Silencio; hasta los violines callaron. Hizo un ademán a los niños para que cargaran la cruz y la llevaran hasta el Santísimo; fue una procesión improvisada pero necesaria. Simón, ante el asombro de propios y extraños, se levantó por primera vez y caminó, se descalzó y ayudó a llevar, como pudo, la última parte del vertical. La cruz estaba feliz, entre ramos, cantos, niños y siendo testigo de los primeros pasos de Simón del Karmel. Ahora todos estaban frente al altar, Jesús ya no quería estar escondido. Salió como hace dos mil años llevando consigo un ramillete compuesto por palma, cedro, mirto y sauce, todas atadas con cáñamo, al lado de los niños, festejando con Papá y Mamá el caminar de su hijo.

XLVII. Jueves Santo

***Caminante no hay camino*, de Serrat**

El pie del niño aún no sabe que es pie,
y quiere ser mariposa o manzana.

Pero luego los vidrios y las piedras,
las calles, las escaleras,
y los caminos de la tierra dura
van enseñando al pie que no puede volar,
que no puede ser fruto redondo en una rama.
El pie del niño entonces
fue derrotado, cayó
en la batalla,
fue prisionero,
condenado a vivir en un zapato[51].

Ese día el pie de Simón experimentaría una extraña libertad. Antes de salir de casa, Papá recordó la pintura de Van Gogh *Un par de zapatos*; gastados, viejos, llenos de historia y barro. Su dueño los amó porque dieron todo de sí por los pies que cubría; libraron grandes batallas juntos. Papá conservaba las botas con las que había viajado por Israel, Suecia, Francia, Italia y España. Las cuidaba untándoles betún o crema para el cuero. Relucían. Los cordones estaban exhaustos, pero gustaban de la compañía de los dedos de Papá cuando los acariciaban para amarrarlos. El pie no podía salir, era como un esclavo viviendo en un lugar confortable, pero sin ver la luz.

Esta vez decenas de personas, calzadas, en el convento de las Descalzas, llegaban a rendirle un homenaje, sin saberlo, al pie de la cruz. Papá y Mamá se bajaron del auto; el calor estremecía el pavimento. Sudaron sin ser vistos, como de costumbre. Caminaron, entraron a la iglesia, escondidos. Las personas se miran a los ojos o ven a los otros por encima de los hombros, pero jamás se percatan del viajero que llevan a ras de la tierra; imperceptible, casi siempre.

La trinidad se sentó en la última banca. El niño se lanzó de los brazos de Mamá al lugar más estratégico para examinar los zapatos, y de ser posible el reo que llevan en su interior. Una mirada vigilante no lo perdía.

---

51. Pablo Neruda, *Al pie desde su niño*, «Universidad de Chile». En: https://neruda.uchile.cl/obra/obraestravagario4.html

Simón fue gateando hacia la salida de la capilla; Papá lo seguía, respiraba en su nuca. Decidió cargarlo y se hizo a un lado de tres parejas designadas para llevar ofrendas y aceites.

El dúo dinámico estaba atento al paso de las primeras parejas. Al llegar el turno de la tercera, Papá pensó que era el momento de irrumpir con la rutina; su mayor deseo era ir con Simón hasta el altar, ¡y quizá crear algún acto performativo! Los pies de Papá, envueltos en el cuero de las botas viajeras, iban a dar el primer paso, pero de repente Mamá se acercó y le susurró al oído: «No lo hagas». Papá e hijo giraron sus cabezas, lentamente, en busca del otro, encogieron los hombros y retrocedieron, por ahora.

Mientras Mamá estaba concentrada mirando cómo bañaban los pies a un niño de nueve años, el dúo dinámico no se daba por vencido. Caminaron por la mitad de la iglesia, en secreto de Mamá, hasta llegar justo a la espalda del hombre que estaba lavando los pies a una docena de personas.

El primer hijo del Karmel observaba con intriga al sacerdote: sus vestidos, sus manos; la forma de tomar el pie y bañarlo recordó a Mamá bañándolo cada día. De igual manera, contemplaba a la persona que tenía el pie desnudo y a la ayudante que daba el agua al prelado. El sacerdote, como si el Espíritu Santo le hubiera dado una orden, volteó su mirada hacia Simón y le dijo: «Bueno, ¡¡¡es tu turno!!!». Papá y Simón se miraron, ¡habían conseguido algo inesperado y grandioso! Con tan solo nueve meses ya era partícipe del lavatorio de los pies, ¡ni planeándolo hubiera salido tan magistral!

Ahora toda la atención de la iglesia estaba en las manos del sacerdote, que quitaba la pequeña media de Simón y la colocaba en el bolsillo de la camisa de Papá; los espectadores de la primera banca se levantaron porque el tamaño de este Simón era diferente al Simón Pedro que participase hace unos siglos en el mismo acontecimiento. Las hermanas de clausura también se esmeraban por ver cuando el padre vertiera el agua de la jarra sobre el infante piececillo. Para ese instante, el pie de Simón era un héroe sumergido en agua bendita. El sacerdote susurró a Papá que era la primera vez en sus treinta y seis años de sacerdocio que lavaba el pie a un bebé, y con gran emoción exclamó que era un regalo porque este bebé era un ángel. Entonces, fue como lavar el pie de un ángel. Si esto es así, ¡¿Papá qué venía siendo?!

XLVIII. Viernes Santo

Con Vivaldi y su *Filiae Maestae Jerusalem:*

*Hijas que sufren de Jerusalén
en el universo del rey,
rey herido
y coronado de espinas
se convirtió en rey de dolor*
para transformar los errores
*en la cruz más difícil;
he aquí la vida que no ve, he aquí
en caso de que alguien fuera su luto…*

Simón del Karmel ha vivido su primer viacrucis. Esta mañana, como de costumbre, fue bañado y vestido por Mamá. Una camisa de lino, manga larga, beige; cubierta, en parte, por su traje especial para la jornada: un traje enterizo azul; y, cubriendo su cabeza, un pequeño sombrero de color celeste. Mientras tanto, Papá vestía con pantalón de paño gris, camisa de algodón blanca, correa negra y medias naranja. ¡Sí!, Mamá quiso emular a una de las mujeres de Jerusalén vistiendo un traje negro de seda que caía hasta los tobillos, como decía la tradición desde el Antiguo Testamento, aunque su traje no era tan áspero como en esos tiempos. La iglesia de Fátima, con sus frailes y feligreses, estaba en las calles. La mayoría eran adultos mayores; un grupo de jóvenes, un niño y dos bebés.

Antes de casarse, Papá había conocido, en un monasterio de Colombia, a un monje franciscano. Recibió del consagrado sendas instrucciones para ejercer un matrimonio santo y, en lo posible, a semejanza de la sagrada familia. Una de las cosas que le dijo fue la importancia de asistir con la esposa e hijos a procesiones; algo que, en primera instancia, le pareció muy singular a Papá. Decía el franciscano que una procesión era como recorrer la vida: cada estación es uno de los trayectos en que la persona experimenta la santidad, como lo vivieron en su cotidianidad los protagonistas de las Sagradas Escrituras. Y este viacrucis corroboraba lo dicho por el santo hombre.

Una mujer embarazada sostenía un paraguas de colores, variopinto y alegre, contrastante con el blanco y negro de la mayoría de asistentes. Simón estuvo cerca de Sebastián, el bebé que se gestaba en el vientre de su madre, y guarecido del sol.

Papá y Mamá fueron los encargados de leer las estaciones Séptima y Novena, con sus respectivas reflexiones. Cuando acercaron el micrófono a Papá, Simón también intervino con suma prudencia: «Jesús cae por segunda vez».

Y adelantándose un poco, cayó rostro en tierra, y oraba así: «Padre mío, si es posible, que pase de mí este cáliz, pero no sea como yo quiero, sino como quieras tú»[52].

Ahora Mamá leía la reflexión, mientras casi todos, con paraguas negros, bajo los árboles y frente a una casa que tenía adornada la estación, miraban a Mamá, leyendo una inspiración de Teresa de los Andes:

Le pido que no dé entrada al desaliento. El llorar mucho por las faltas que se cometen no es humildad; y más aún si son involuntarias. Debe, inmediatamente que caiga, pedirle perdón a Jesús y enseguida —como un niño con su madre— recostarse en su corazón, confiada en que no solo la perdonó, sino que se olvidó […] y más bañada saldrá por el amor[53].

Papá:

Venid a mi todos los que estáis fatigados y cargados y yo os aliviaré. Tomad sobre vosotros mi yugo, y aprended de mí, que soy manso y humilde de corazón; y hallaréis descanso para vuestras almas. Porque mi yugo es suave y mi carga ligera[54].

El viacrucis continuaba, y Papá comprendía aún más las sabias palabras del monje franciscano Colombiano: caminar la procesión es como ver el camino de la vida; como las grandes caravanas de personas que pueden verse en diferentes partes del mundo yendo de un lugar a otro en busca de tranquilidad en todos sus ámbitos. En ellas hay bebés, niños, jóvenes, adultos jóvenes y adultos mayores; todos recorren grandes travesías y

---

52. *La biblia: libro del pueblo de Dios*, Mateo 26:39, 1751.

53. MJ, *Teresa de los Andes y el perdón*, «Teresa, de la rueca a la pluma». En: https:// delaruecaalapluma.com/2017/07/13/teresa-de-los-andes-y-el-perdon/

54. *La biblia: libro del pueblo de Dios*, Mateo 11:28-30, 1716.

muchas horas sin desfallecer, por una esperanza. En este caso, la esperanza es que lo vivido en la última estación este día es una muerte que duele y lleva a la tristeza, como lo expresó Vivaldi con su composición musical:

El viento ha sido silenciado;
dejad los campos,
el agua amada, las hojas, las flores,
porque tampoco están satisfechos.
El río está muerto,
la Luna y el Sol han sido privados de
su propia luz.

La noche era más oscura que de costumbre, pero con cierta esperanza. Simón tenía sus ojos cerrados, al igual que Papá y Mamá. Todos soñaban, a la medida de sus deseos. ¿Qué soñaba Jesús de Nazareth en medio de María y José? Quizá con la libertad de Seif Din, secuestrado en una prisión africana.

XLIX. La resurrección.

In resurrectione tua, de nuestros monjes de Taizé

«No, no cambiaría los diez minutos que me llevó realizar mi humilde servicio de caridad por gozar mil años de fiestas mundanas»[55].

Simón yacía durmiendo en brazos de Mamá cubierto por una delicada tela que cubría su cuerpo. Papá cerró la puerta y fue a abrirle a Mamá para evitar que la oscuridad atrapara al menor. Las calles estaban despobladas, como el rostro de un niño sin sonrisa u otro que no tiene quien lo arrulle. El lugar estaba a oscuras y en silencio.

Papá dijo a Mamá que quería llevar a Simón a la entrada principal, para que contemplara el ingreso del fuego; minutos más tarde, los ojos del bebé se prendieron y ardieron con la luz natural proveniente de un cirio gigante. Con lentitud, envueltos en sus trajes de esperanza, desfilaban los feligreses por el centro de la iglesia. Esta vez, Papá respetó la solemnidad.

Cada una de las nueve lecturas eran precedidas por un canto elegante y profesional que hacía del momento algo fastuoso y digno de lo que fueron a celebrar. Simón pasaba de las manos de Papá a Mamá, hasta que esta última decidió esconderse con él en un confesionario, para tener la intimidad suficiente como para que el sueño cobijara al infante, que ya era arrullado por tan excelsas voces.

Las frases de la liturgia se esparcían al interior de Papá, como si fuesen familia de la semilla de mostaza, y se convertían en un jardín que olía a resurrección. Mamá salió del confesionario asustando a una decena de jóvenes que, perplejos, veían cómo se abría un lugar que suponía soledad. La salida de una madre con su bebé en brazos, cubiertos por un manto, exigió templanza en los presentes. Para ese instante, Simón del Karmel dormía y parecía, desde la camita de su cochecito, que hablaba con los ángeles. Oscuridad.

Los jóvenes desfilaban con el resucitado. Simón se despertó sin llorar. Ahora era el turno de la renovación del bautismo y de los votos matrimoniales. Primero, el sacerdote pasó lanzando agua bendita como si estuviera

---

55. de Lisieux, *Obras completas: Manuscrito C,* 315.

en un desfile de día de reyes, arrojando dulces a la multitud; por supuesto que alcanzó a bañar el cuerpo de los tres.

Papá y Mamá se miraron. Recordaron su encuentro en Ávila, el cursillo prematrimonial en Valencia, la experiencia de Taizé, su boda en esta misma iglesia de Costa Rica, la visita a la prisión de Villahermosa, en Colombia; donde les llevaron a los cautivos un concierto de flauta traversa y un exquisito arroz con camarones.

Sus manos se volvieron una sola caricia. Percibieron sus rostros y descubrieron que la paternidad y maternidad dejan huellas en el cuerpo; transforma, renueva. Papá recordó a Teresa del Niño Jesús en su *Historia de un alma*: «Como los pajaritos aprenden a cantar escuchando a sus padres, así los niños aprenden la ciencia de las virtudes, el canto sublime del amor de Dios, de las almas encargadas de formarles para la vida»[56]. Renovaron sus votos matrimoniales. Resucitaron.

---

56. de Lisieux, *Obras Completas: Manuscrito A*, 182.

Final

L. Papá abraza la libertad con su hermano Seif Din...

De la mano de Beethoven y su novena sinfonía

Cuando me fue dado penetrar en el santuario de las almas, vi enseguida que la tarea era superior a mis fuerzas. Entonces me eché en los brazos de Dios como un niñito, y, escondiendo mi rostro entre sus cabellos, le dije: «Señor, yo soy demasiado pequeña para dar de comer a tus hijas. Si tú quieres darle a cada una, por medio de mí, lo que necesita, llena tú mi mano; y entonces, sin separarme de tus brazos y sin volver siquiera la cabeza, yo entregaré tus tesoros al alma que venga a pedirme su alimento»[57].

I

Falta una semana para celebrar el primer año de vida de Simón del Karmel. Papá saldrá de viaje y el bebé parece presentir que el hombre que cada mañana lo lleva a pasear, le lee libros, toca el chelo frente a él, pinta, con el que a diario reflexiona sobre el evangelio del amor, aquel que osó un día llevarlo en el puesto de adelante del coche —con cinturón, claro está—, el mismo que le dio papaya y que lo salvó de la página 24 de aquel sanguinario libro de nanas, parte a una misión trascendental en el camino de libertad de Seif Din.

Simón y Mamá lo acompañan al Aeropuerto Juan Santamaría, se despiden entre llantos, no saben si volverán a verse; es una experiencia de un riesgo extremo. En el avión, Papá se encomienda al Espíritu Santo. Lleva el pequeño icono ortodoxo de la Sagrada Familia que le regaló su maestra sueca en el desierto de Israel, un rosario que le dio Mamá cuando se conocieron y una cruz que le obsequió el monje franciscano antes de casarse.

---

57. de Lisieux, *Obras Completas: Manuscrito C*, 304.

II

Papá miraba la prisión una y otra vez. Tras sus ojos viajaban sus padres y sus sobrinos, entre ellos Simón del Karmel; todos con la esperanza de que llevaría a Seif Din de regreso. Estaba sentado en una «tienda» donde ya era conocido. Su tez blanca, melena leonina y camiseta roja de un equipo de fútbol lo hacían el personaje más particular que habían visto por ese lugar en mucho tiempo. Dos sillas de plástico, con vestigios de lo que otrora fuese la pintura con la que nacieron, fueron testigos del místico encuentro que tuvo Papá con un hombre de aproximadamente setenta y cinco años. Tenía una mirada profunda, ademanes firmes y las Sagradas Escrituras grabadas en su piel. Aguardaba cauteloso por las preguntas.

Ese día, estratégicamente, Papá tenía puesto el dorsal número nueve del Manchester United, un equipo inglés muy popular en Tanzania. Llevarla puesta, extrañamente, le daba seguridad. Volvió a mirar la cárcel donde su hermano permanecía hacía un lustro y acto seguido fijó sus ojos en la humanidad del viejo y le preguntó: «¿Cuál es la parte de la Biblia más importante para empezar a leerla?». El sabio hombre dijo: «¿Usted sabe cuál es el color más importante? El negro, como la noche oscura en la que Nicodemo se encontró con Jesús. Lo nacido del Espíritu, espíritu es», y continuó explicándole de manera sencilla y profunda lo que se esconde en ese pasaje. Al terminar, el biblista expresó en suajili: «Mungu anakupenda sana», que significa «eres el amor de Dios».

Luego de esta conversación, Papá se fue al «cuarto» que había alquilado en el sector más peligroso de la ciudad: Kariakoo. Caminó por calles polvorientas y oscuras por casi dos horas, acompañado por la sonrisa de Simón y el deseo de acompañarlo en su celebración. Al llegar, hizo un altar en el suelo, en una esquina de la habitación, con los tres regalos que había recibido de la joven sueca, el franciscano y Mamá. Rezó un rosario y terminó la jornada leyendo un fragmento de una experiencia que vivió la mística Beatriz de Nazareth:

Tras permanecer un rato allí en paz de corazón y dulzura de la mente,
al irrumpir el canto del Aleluya, el Señor de eterna misericordia
atravesó de pronto su alma con el fuego de su amor con una lanza

ardiente, y con la gran fuerza de la embestida la penetró con una espada llameante[58].

Y se durmió a la espera del juicio.

III

El alma de Beethoven, que había escrito la novena sinfonía como una oda a la libertad, se solidarizó con la causa del amado hermano de Papá. La orquesta hizo oír los primeros compases. Luego de dos tiempos del juicio y cinco años de reclusión injusta, la orquesta sugiere el tema de la alegría solidaria. Ahora los chelos se muestran complacidos. El alma del amado Seif vibra, al igual que la de Papá, al presentir la llegada de refuerzos. Los africanos mueven sus cuerpos de las sillas y no entienden qué pasa. Las mujeres del consejo agitan sus trajes y sus afros parecen seguir un ritmo que se escapa a su comprensión. Tanto los abogados de la defensa como los del fiscal ven moverse de forma inusual sus togas. El juez Hon Matupa toma su lápiz como si fuera una batuta, sin saber que a su lado está Ludwig Van Beethoven. ¡Un ambiente privilegiado para la libertad! Ahora varias familias de instrumentos entran en juego con los chelos y tejen un contrapunto tan bello como el rostro y corazón del tío Seif. Al concluir el tema se añaden nuevos instrumentos. La sala está rebosante, para indicar que se incrementa la unidad entre los hombres. Finalizando el nuevo tema, hay una brisa del Océano Índico que se incorpora al acto; la orquesta entera interpreta el tema de forma homofónica, mediante columnas sonoras intensamente expresivas. Momentos de euforia en la orquesta, que ya cuenta con el advenimiento del juez y sus consejeras. Beethoven conoce bien el corazón de la humanidad y, pese a lo sublime del momento, sabe que pueden volver a encarcelar al amado Seif Din. Entonces, incorpora un barítono para provocar un éxtasis en la sala y, entre tantas almas en júbilo por la libertad, dejan el terreno libre a Papá para que se deslice con Seif Din sobre las cuerdas de los chelos.

Las frases que salían del barítono —«Gozosos como vuelan sus soles a través del formidable espacio celeste; corred así, hermanos, por vuestro

---

58. Beatriz de Nazareth, *Los siete modos de amor*, (s. l.: ed. José J. de Olañeta, 2004), 93.

camino alegres como el héroe hacia la victoria»— daban tiempo a los amados Seif Din y Papá para dejar la sala abrazados, sin ser notados, con ansias en amores inflamados —¡oh, dichosa ventura!— saliendo en medio de acordes con libertad transitoria en busca de Simón del Karmel para celebrar su primer cumpleaños… ¡Abrazaos, millones de criaturas! ¡Que un beso una al mundo entero! Hermanos, sobre la bóveda estrellada debe habitar un amoroso papá.

Epílogo

Simón del Karmel hoy tiene cinco años. Viene en camino su segundo hermano o hermana, aún no lo sabe. En este momento, sentado en el sofá, le está leyendo, de memoria, libros a su hermanita Alma del Karmel. Solo unos minutos antes, Papá estaba conmocionado leyéndole *Charlie y la fábrica de chocolate* sin respirar; como en una carrera de obstáculos entre puntos, comas, y puntos y comas, que impedían el paso presuroso. En medio de la extasiada lectura descubrió esta misteriosa frase: «Estoy preparando otras sorpresas místicas y maravillosas que te extasiarán, te encantarán, te intrigarán, te asombrarán y te maravillarán más allá de lo imaginable»[59].

P. D. Papá rescató hace poco a Seif Din; lo trajo para el quinto cumpleaños de Simón del Karmel. Esa dramática historia debe ser contada.

Fin… por ahora.

---

59. Roald Dahl, *Charlie y la fábrica de chocolate*, (s. l.: ed. Alfaguara, 2015), 73.